中国的输入性流动性过剩研究
——基于全球化的视角

Zhongguo de Shuruxing Liudongxing Guosheng Yanjiu
Jiyu Quanqiuhua de Shijiao

赵爱清 著

中文摘要

1. 选题背景和目的

自2005年以来，世界经济在金融领域经历了从流动性过剩到金融危机再到流动性过剩的过山车。当学术界还在努力寻找全球流动性过剩所带来的资产价格上涨，通货膨胀压力和泡沫经济阴影的出路时，以美国次贷危机为导火索的全球金融危机全面爆发，并迅速演化成世界经济危机。曾经在国际金融市场上叱咤风云的许多大型金融机构纷纷倒下，金融市场在危机阶段发生了急剧的流动性枯竭。危机从金融领域蔓延到实体经济领域，包括通用汽车在内的知名企业也一度面临着破产的威胁。危机之前正在讨论的运用紧缩货币政策治疗流动性过剩的思路被打断。为了应对危机，美国、日本和英国等各国中央银行不得不采取量化宽松的货币政策，向金融机构和金融市场注入大量的流动性。其他国家也纷纷效仿发达国家的方法，用宽松的货币和财政政策来应对危机。

其实，大多数金融危机的表现都是伴随着短期的市场流动性剧减。而流动性枯竭和过剩并不是严格对立的：这次金融危机的背景正是流动性过剩，拯救危机的措施又为将来的流动性过剩埋下了伏笔。尤其是对于中国经济来说，虽然受到了金融危机的影响，但是中国经济并没有出现过切实的危机和相伴随的流动性枯竭，却一直在大量投放货币供给，中国流动性过剩的状况始终没有发生根本性的改变。所以，流动性过剩仍然是一个值得研究的重要问题。

在经济全球化的今天，几乎没有什么问题是某个国家独有的，也很难找到一个有效的解决办法。本书试图从全球化的开放视角，理清在现行的国际货币体系（美元本位制）下，全球流动性创造的机理和流动性在国际间的分配机制。并以此为制度背景，以国际分工理论为基础，来分析在全球化过程中流动性过剩的必然性，中国的流动性过剩的输入性特点以及流动性输入中国的渠道。进而在开放的视角下和历史的过程中去寻找系统的途径，来化解中国的流动性过剩问题。

2. 主要内容和观点

本书共分为6章，主要内容和观点如下：

第1章，导论。这部分介绍了选题的背景及意义，并对全球流动性过剩和中国流动性过剩的国内外文献进行了综述。在此基础上理清了相关的概念和所研究问题的角度，给出了本论文的研究思路和方法。

第2章，关于全球化及内外均衡调节、国际资本流动的理论。本章主要说明贯穿本书的全球化以及国际经济理论基础，笔者根据研究的需要，在最大限度地理解概括全球化理论的同时，强调对后续研究有重要影响的理论。主要有：(1) 开放的宏观经济模型。强调将外部变量引入一国的经济模型，主要研究开放宏观经济内外均衡的调节和国家之间的政策溢出效应。(2) 国际政治经济学关于全球化的理论。总结整理了民族主义、自由主义、马克思主义的全球化理论以及依附理论与世界体系论的观点。(3) 国际分工理论。按照马克思主义经济学的基本观点和方法，当代经济全球化的发展从本质上讲是国际分工深化的结果。因此本论文选择的理论基础主要是国际分工理论。

本章整理了国际分工理论发展的三个阶段，指出国际分工理论发展的内在逻辑和方向。为了下文分析的需要，笔者随后给出了确定一个经济体国际分工地位的两个维度。多数现实当中的国家总是同时参与垂直和水平的分工，综合垂直和水平两个维度来分析，所谓的中心国家就是指在垂直分工中处于高阶梯，同时广泛、深入参与水平分工，在国际贸易中处于主导地位的国家。

第 3 章，全球流动性的创造和分配机理。本章第一节先分析全球流动性创造的实体经济基础——当今国际分工的整体格局。重点分析美国、欧洲、日本和东亚地区在国际分工体系中的大致位置和各自的国际收支特点，并指出了由这种分工和贸易格局造成的全球经济失衡。第二节分析全球流动性创造的货币制度背景——当今国际货币体系的特点及运行机制。当今的国际货币体系仍然以美元为主导，以一个国家的主权货币作为国际本位货币，仍然无法避免“特里芬难题”的困扰，国际货币体系未来必然随着各国经济实力的变化而改变。第三节重点分析当今国际货币的创造、分配和流动机理。作为主要国际货币的美元，通过贸易方式输出到德国、中国和东亚出口导向型经济等贸易国家，再以美元债券等形式回流到美国；欧洲和拉美国家则购买美元金融产品，将金融资本输送到美国。国际收支的长期失衡已经突破了单个封闭经济体的经济分析框架，美国或者中国的国际收支失衡并不仅仅是单个国家的问题，而是全球的问题，是全球化过程中的世界经济现象。

第 4 章，中国的流动性过剩——国际资本的输入。本章首先描述了进入 21 世纪到次贷危机爆发之前，全球流动性过剩的状况，主要以 G5 经济体的总体货币供给和利率水平来反映全球的流动性过剩。接着分析中国的流动性、资产价格与通货膨胀率，以证明流动性过剩在中国的存在。对于中国流动性过剩产生的原因，本章从理论上分析了内部因素和外部原因，并对中国的流动性过剩进行了实证研究。结果表明：外汇储备、GDP 和基础货币存在长期均衡关系，外汇储备对基础货币的影响程度大于 GDP。因此证明：进入 21 世纪以来中国的流动性过剩是由内因（经济增长）和外因（外汇储备增加）共同造成的，但是中国当前的流动性过剩已经带有明显的输入性特征。

第 5 章，国际流动性输入中国的渠道。本章主要分析国际流动性输入中国的渠道与规模。首先专门分析了中国在全球分工体系中的地位，了解了以上的现状，才能对国际流动性输入的渠道产生清晰而深刻的认识。本章分别从实体经济（贸易与 FDI）视角和货币金融视角（短期国际资本）分析了国际流动性流入中国的各种渠道和规模。总的来说，中国以廉价劳动力要素参与国际分工，形成了出口导向型的发展模式，并带来经常项目顺差和流动性的输入；在国际直接投资领域中国也是吸收多输出少。在金融投资领域，中国的管制还比较多，但是仍然无法阻止国际“热钱”通过各种途径进入中国，本章分析了近年来“热钱”流入中国的大概规模和渠道。

第 6 章，化解中国的流动性过剩。流动性过剩给中国经济的健康和可持续发展带来了困扰。本章试图在全球化的过程中，系统地寻求化解中国流动性过剩的途径。在分析了当前两个看似合理其实不可行的方式之后，笔者提出了沿着两条逻辑来化解流动性过剩的思路：一是将过剩的流动性输出。为此我们必须加快人民币的国际化步伐；改革外汇管理体制；继续鼓励中国企业“走出去”进行直接投资；逐步放松管制，允许境内资本进行对外金融投资。二是从根本上减少国际流动性的输入。

为此中国要积极参与并促进国际货币体系变革；中国还必须要改变自身的国际分工地位，通过经济转型优化产业结构和地区结构，使经济增长转向依靠内需和国内市场为主。

3. 主要的创新之处

本书的创新之处在于：

第一，视角有所创新。现有的对流动性过剩的研究存在着不足，国外有学者运用模型实证分析全球流动性过剩的跨国溢出效应，但很少有研究把中国列入其中，更没有专门研究中国的流动性过剩问题。而国内学者在研究中国的流动性过剩问题时，往往封闭地分析原因并寻找解决之道，忽略了当今全球化的现状。虽然有些国内文献提到了全球流动性过剩，但是也仅仅是作为一个前提背景，没有在一个统一的、完整的框架下对中国的输入性流动性过剩进行研究。本书从全球化和国际分工格局出发，将国际货币体系作为制度因素，系统地分析全球流动性的创造与膨胀，以及全球经济失衡、中国的双顺差是如何导致流动性输入中国的，在一定程度上弥补了现有研究的不足。

第二，提出了若干独特的观点，具有一定的原创性，相应的对策措施更具有系统性和可操作性。本书认为，全球流动性过剩是全球化过程中在当今美元本位制下必然产生的现象；中国的流动性过剩是由中国的国际分工地位带来的流动性输入以及经济高速增长过程中超额货币发行所造成。在如何解决中国的流动性过剩这个问题的对策建议部分，本书从疏导和根治两条逻辑思路出发提出了对应的具体思路，包括人民币国际化、外汇管理体制改革、对外直接投资与金融投资以及经济转型等。此外本书对若干相应的热点问题进行了独立的分析与判断，比如金融危机为何发生在美国？人民币汇率一次性升值到位是否有助于减缓热钱涌入？中国保持经济增速高于 M_2 增速是否可能？等等。

第三，研究方法上更加科学、全面。本书注重理论与实际的结合，以一定的理论基础合理地解释现实的经济问题，并运用理论解决问题。在分析中国流动性过剩的原因时，深入剖析了中国流动性过剩的外部原因和内部原因，既有规范分析论证又运用了实证分析来提供证据，验证了中国的流动性过剩带有明显的输入性特征，增强了说服力。更加全面地掌握了问题的本质。

当然，由于各种条件的限制，本研究还存在很多局限，例如没有更加详细地分析中国流动性过剩的具体原因，同时有些相关问题尚未进一步研究。这些都有待于作者今后的努力。

关键词： 全球化　国际分工　国际货币体系　流动性过剩

Abstract

The globe economy experiences the excess liquidity and financial crisis since 2005. Many scholars began to discuss the excess liquidity. They try to use tightened monetary policy to solve the above question. But the financial crisis requests expansionary monetary policy. So it is a conflict.

As a matter of fact, the excess liquidity will be a question to be study even after the financial crisis. Especially for China, the influence of financial crisis on Chinese economy is not serious, and the Chinese government supplies large quantity of money. So the excess liquidity still exists.

Under the open economy, any issue is relative to the international background. So the author tries to study the excess liquidity from the international perspective. Firstly the author analyzes the cause of globe liquidity and the distribution mechanism. Then the author analyzes the characters of inflow liquidity and the inflow channel and tries to find some measure to solve the excess liquidity.

The paper is composed of six chapters.

Chapter 1 introduces the background of the paper. Then the author sums up the literature regarding the excess liquidity. Lastly the author introduces the method, the outline, the creativeness and the shortcoming of the paper.

Chapter 2 introduces three theories, including globe theory, equilibrium adjust theory and international capital flow theory which are the base of the following paper. Briefly the theory base is the international specialization theory.

Chapter 3 analyses the liquidity creation and the distribution mechanism. Firstly the author analyses the current international specialization and the globe economy imbalance due to the international specialization. Then the author analyses the current monetary system which is the background of the globe liquidity. Lastly the author focuses on the liquidity creation and the distribution mechanism.

Chapter 4 analyses the cause of Chinese excess liquidity. The author applies the empirical analysis to find the cause of Chinese excess liquidity. And the author chooses three variables: foreign exchange reserve, GDP and base money quantity. The overcome shows that the excess liquidity is due to the two factors: foreign exchange reserve and GDP.

Chapter 5 analyses the channel to China of the international liquidity. The channel includes real economy and financial perspectives. The position of the Chinese specialization leads to the model of export – oriented and long – term current item excess. So the excess and the hot money are the channel of international capital.

Chapter 6 analyses the method to solve excess liquidity. The first is to output the liquidity. And the second is to reduce liquidity input.

To do the above mentioned, China must play a role in the reform of international monetary system and change the Chinese position of international specialization.

The method used in the paper includes qualitative and quantitative analysis. There are three points to be mentioned:

The first is that the paper is written from a new perspective. The paper links the globe economy and the liquidity. So the study is the necessary supplement.

Secondly, the author brings out some original ideas. The globe excess liquidity is inevitable due to the current international monetary system. And the Chinese excess liquidity is caused by the input liquidity and extra money supply. The author tries to find the measures to solve excess liquidity from wider perspective.

Thirdly, the method is more science and wider. The author applies some proper theory to explain the current situation.

Of course, because of the restrictions of research terms, there are some limitation for the paper and await the farther research.

Key words: Globalization; International specialization; International monetary system; Excess liquidity

目　录

1 导论

1.1 研究背景、意义和目的

自2005年以来，世界经济在金融领域经历了从流动性过剩到金融危机再到流动性过剩的过山车。当学术界还在努力寻找全球流动性过剩所带来的资产价格上涨、通货膨胀压力凸显和泡沫经济阴影的出路时，以美国次贷危机为导火索的全球金融危机全面爆发，并迅速演化成世界经济危机。曾经在国际金融市场上叱咤风云的许多大型金融机构纷纷倒下，金融市场在危机阶段发生了急剧的流动性枯竭。危机从金融领域蔓延到实体经济领域，包括通用汽车在内的知名企业也一度面临破产的威胁。危机之前正在讨论的运用紧缩货币政策治疗流动性过剩的思路被打断。为了应对危机，美国、日本和英国等各国中央银行不得不采取量化宽松的货币政策，向金融机构和金融市场注入大量的流动性。其他国家也纷纷效仿发达国家的方法，用宽松的货币和财政政策来应对危机。其实，大多数金融危机的表现都是伴随着短期的流动性剧减。而流动性枯竭和过剩并不是严格对立的：这次金融危机的背景正是流动性过剩，拯救危机的措施又为将来的流动性过剩埋下了伏笔。

尤其是对于中国经济来说，虽然受到了金融危机的影响，但是中国经济并没有出现过切实的危机和伴随流动性枯竭，但是为了避免国内外利差过大并且刺激经济防止衰退，中国也一直在大量投放货币供给，中国流动性过剩的状况始终没有发生根本性的改变，且国际流动性传到中国，导致近年来中国的通货膨胀压力和通货膨胀预期加大，房地产泡沫也急剧膨胀。因此，在2011年中国不得不转向实行紧缩性的货币政策。所以，流动性过剩仍然是一个值得研究的重要问题。

西方主要世界货币供给国（以美国和日本为代表）从2002年开始实行宽松的货币政策，使得全球流动性迅速膨胀，这种流动性过剩通过贸易或者投资的渠道分配到世界各国，引起了许多国家的房地产和金融资产价格泡沫，美国也不例外。过剩的流动性必然带来通货膨胀压力，因此美联储在2004年连续加息，从而在2007年触发了泡沫破灭，危机爆发。为了防止危机恶化，美国和其他受到危机影响的国家不得不继续采取宽松的货币政策和积极的财政政策。在利率接近于零的背景下，它们只能采取量化宽松的货币政策，通过购买大量的国债等方式投放货币。而中央银行投放的这些货币必将在将来带来流动性过剩和通货膨胀的隐患。

在经济全球化的今天，几乎没有什么问题是某个国家独有的，也很难找到一个国内的有效解决办法。金融全球化和实体经济全球化是不可分离的两个方面。全球流动性的分配机理十分复杂，而中国作为世界第二大经济体，多年来的经济发展，利用比较优势深入参与到国际分工体系之中，出口和投资一直是中国经济发展的主要推动力。中国的经济发展模式具有自身的特点，以劳动密集型制造业为基础的出口导向的模式，使中国通过贸易账户输出商品输入大量的美元；人民币升值预期和中国经济良好的发展前景，吸引了大量的境外直接投资（FDI）和国际热钱涌入中国；中国出现了双顺差，在当前的外汇管理体制下，双顺差使外汇占款迅速增长，导致国内货币供给量增长过快，宏观经济和金融体系均出现了流动性的过剩问题。

中国经济在2003年至2007年以及2009年以后饱受流动性过剩之苦，在双顺差和外汇储备迅速积累的同时，国内商业银行出现流动性过剩，房地产价格和股票价格也出现了泡沫的迹象。人民币汇率自2005年汇改开始缓慢上升，又诱使国际“热钱”涌入，进一步加剧了国内流动性过剩。2007 年 8 月中国经济开始出现通货膨胀征兆，并同时伴随着股票和房地产价格泡沫。正当人们讨论是否应该实行适度紧缩的货币政策来遏制流动性过剩带来的资产价格泡沫和通货膨胀压力时，美国次贷危机爆发并蔓延到全球。由于我国经济发展的模式是出口导向型的，因此，金融危机主要通过贸易渠道影响到中国经济。2009 年上半年中国出口额同比下降 21.8%，出口下降加大了国内就业压力。为了应对金融危机和经济衰退，世界各国政府纷纷采取了不同的货币和财政政策。而我国的金融机构并没有在此次危机中遭受严重的打击，因此，我国流动性过剩的局面可以说并没有发生扭转。在宽松的货币政策和积极财政政策的背景下，伴随着世界经济的复苏，我国的流动性过剩问题必然还会显现。值得强调的是，由于中国经济基本面良好，在发达国家金融市场还没有完全恢复元气之时，全球过剩的流动性很有可能首先选择进入中国，而大规模的“热钱”会把中国股票市场和房地产市场的价格再次推高，并带来通货膨胀。

本书试图从全球化的开放宏观经济视角，厘清在现行的国际货币体系（美元本位）下，全球流动性创造的机理和流动性在国际间的分配机制。并以此为制度背景，分析全球流动性过剩的必然性，以及中国的流动性过剩的输入性特点和渠道，从而在发展模式上和开放策略上寻找解决输入性流动性过剩的途径。本研究的理论意义在于，有利于丰富流动性过剩研究的视角，不再将流动性过剩问题局限于货币领域，而是结合国际分工格局、国际货币体系的现状与演变，从实体经济和货币层面同时进行研究；尝试并强调把中国的流动性过剩问题放在全球化的过程中，从发展的、开放的视角，把全球流动性过剩和中国的流动性过剩放在一个统一的框架下来分析。本研究也具有很强的现实意义，加强该领域的研究，对于在后危机时代中国的经济发展方式、货币政策的导向以及金融开放的实践，均有重要的参考价值。找到流动性输入中国的必然性和渠道，才能有效地采取措施防范各种金融风险，并有针对性地化解或抵御流动性过剩的危害。这对于外部经济联系日益紧密、对全球市场的依赖性逐步增强的我国经济的稳定和可持续增长而言意义重大。

1.2 研究思路与方法

虽然流动性问题首先是货币领域的问题，但是中国的流动性过剩并不能仅仅看作是个货币问题，其产生的根源和带来的影响，以及解决的途径，都必须从产业分工、经济结构、货币政策与经济发展模式等多方面来思考。因此，本研究不把视角局限于货币领域，而是将国际货币体系作为既存的制度前提，在厘清全球流动性过剩形成机理的条件下，重点分析中国在参与全球化过程中的流动性过度输入问题，以期证明，在经济和金融全球化的今天，在目前这种世界经济格局和国际货币体系之下，全球流动性过剩以及虚拟经济过度繁荣甚至危机等问题，都具有一定的客观必然性；而且，在中国经济迅速发展的时期，由于采取出口导向和政府投资驱动的发展模式，也必然会带来外部失衡并相应地输入大量的流动性。值得指出的是，本书主要观察在外部失衡条件下，中国经济如何被动地吸收全球过剩的流动性，但是这并不代表作者否认中国流动性过剩的原因之中还有国内因素。

本研究思路可以概括为图 1 - 1 所示（箭头表示有决定性的影响）：

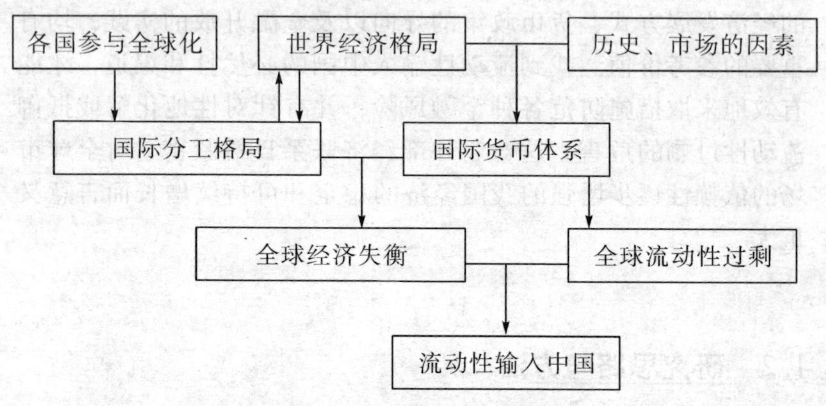

图 1-1　本书的分析框架

本书虽然研究的是中国的流动性过剩问题，但是笔者力图将其纳入到一个整体分析框架中去，也就是将全球流动性过剩和中国的输入性流动性问题放到世界体系中来分析，并结合全球化和国际货币体系演变的历史规律，以开放的视角来看待此问题，而不是孤立地将问题局限在中国的国内经济环境来分析。为此，在写作过程中，交叉运用了多种分析方法，例如宏观分析、制度分析和产业分析，规范分析和实证分析法，还有比较分析法、历史分析法等。

1.3　相关研究文献综述

1.3.1　关于全球流动性过剩的研究述评

进入 21 世纪以来，流动性过剩问题从发达国家扩散到全球，成为世界经济重要的特征之一。流动性过剩引发的问题成为学术界和政策制定者研究和讨论的热点。美国、日本等发达国家在2001年以来采取了宽松的货币政策，从而使全球流动性迅速膨胀，继而引起国际金融市场资产价格上涨。同时，以中国为代表的新兴市场经济体外汇储备过快增长，造成基础货币被动地过多发行，国内货币政策效果甚微。而在2006年以后，欧美国家的房地产市场在加息周期中迅速萎缩，因为流动性过剩产生的资产泡沫破灭，美国次级债危机引发了危及全球的金融海啸。其实，国际金融市场表现出的瞬时流动性枯竭，其产生的背景却是流动性过剩，而各国政府联手救市的主要手段，仍然是继续向市场注入巨额的货币流动性。这些注入的流动性如果在未来不能被有效地冲销，就会埋下流动性积累过剩的隐患，所以流动性过剩问题远远没有解决，仍然需要我们深入研究。

对于流动性过剩的内涵、衡量、形成原因、后果和解决对策等问题，国外学者从多个角度进行了大量的研究；在我国，随着近年来国内流动性过剩问题的凸显，学术界也逐渐关注到此问题。在此评述国内外学者对全球流动性过剩研究的文献，期望从中厘清全球流动性过剩的本质问题和解决的思路。

1.3.1.1 流动性、流动性过剩和全球流动性过剩的界定

流动性（Liqudity）一词，最早来自于凯恩斯的《就业、利息和货币通论》。流动性是指某种资产转换为支付清偿手段的难易程度，由于现金可以直接用于购买，因此被认为是流动性最强的资产。希克斯（1967）[①] 把流动性资产分成三类：（1）交易者为维持其经济活动所需要的营运资产；（2）为了对经济冲击中难以预见的变动保持灵活反应而持有的储备资产；（3）为获取收入而持有的投资资产。从近年来的研究文献来看，对流动性的理解主要有两个层面的含义：货币流动性和市场流动性。

① HICKS J R. Critical Essays in Monetary Theory [M]. Oxford: Oxford Unibersity Press, 1967.

Becker, Sebastian (2007)[①] 认为，货币流动性是和一些宏观变量比如短期利率、货币供给总量相联系的。而市场流动性涉及微观的测度，比如市场深度、广度、弹性等。市场流动性可以理解为：大量的交易能够迅速完成并且对价格的冲击最小。

对于市场流动性与货币流动性之间到底存在怎样的关系，以及二者相互影响的途径是什么，现有文献很少给予专门的研究。学术其实这两个层面的流动性是相互联系的，比如经济的复苏通常可以导致货币流动性和市场流动性的同时增长。货币流动性是市场流动性的源泉，货币发行量过多就会导致资产价格的上涨。Stahel（2004）[②] 发现全球流动性冲击影响了美国和日本的股票市场。Chordia（2002）[③] 也发现，美国的流动性总量波动对其债券市场和股票市场均有影响，并与货币政策存在关联。然而在风险资产市场上，货币流动性不一定必然转换成高的市场流动性，这种转换存在滞后效应。Woon Gyu Choi (2006)[④] 对日本的研究证明，金融市场流动性冲击可能会影响宏观经济。也许从美国的次级债危机中，更能使我们透彻理解货币流动性与市场流动性之间的关系。一方面，次级抵押贷款和次级债券产生的背景就是货币流动性过剩造成的房地产和金融资产价格上涨，从而引起信用的扩张和虚拟经济的过度繁荣。另一方面，房地产泡沫的破灭，在金融衍生产品横向风险分担机制的放大作用下，造成全球市场流动性的急剧下降，迫使各

---

① BECKER, SEBASTIAN. Global Liquidity Glut and Asset Price Inflation. Deutsche Bank Research, 2007 (5).

② STAHEL, CHRISTOF W. Is There a Global Liquidity Factor? Mimeo. Ohio State University. 2004.

③ CHORDIA TARUN, RICHARD ROLL, AVANIDHAR SUBRAHMANYAM. Order Imbalance, Liquidity, and Market Returns. Journal of Financial Economics 65 (July). 2002: 111 - 130.

④ WOON GYU CHOI, DAVID COOK. Stock Market Liquidity and the Macroeconomy: Evidence from Japan. IMF Working Paper No. 05/6, January 10, 2006.

国中央银行不得不向市场注入更多的货币流动性来相助，而这又埋下了未来通货膨胀的隐患。

对于流动性过剩（Excess Liqudity or Liquidity Glut）的含义，国外学者们基本达成了统一的意见。他们在提到流动性过剩时，往往特指货币流动性过剩。其原因显而易见，根据以上对于流动性的两种定义，市场或金融资产的流动性，主要用来反映交易活跃程度和交易费用的高低，高的流动性往往代表着低的交易费用和投资者较高的预期回报率，交易活跃的金融市场往往具有高的流动性，相当数量的金融资产完成交易并不对价格产生实质性的影响，这也在一定程度上代表了此市场竞争充分，交易费用低。因此对于市场流动性来说，过剩与否很难衡量且没有实际意义，更有实际意义的是市场流动性的突然不足——这是危机的征兆。因此一般讲过剩的流动性自然是对货币层面的流动性而言的。西方经典的经济学理论一直强调，货币数量并不是越多越好，存在一个适度总量的问题，超过这个总量就有流动性过剩的可能。货币层面的流动性过剩是指实际货币存量对理想均衡水平的偏离。[①] 至于理想的均衡货币存量如何确定，那又是另外一个复杂的问题。

1.3.1.2　全球流动性过剩的测量

当我们将视角放宽到世界经济范围内，因为少数几个发达国家（比如G5[②]）的经济总量在世界经济中占了很大的比重，世界贸易和国际资本流动也主要以这几种货币计值，所以全球范围的流动性提供者可以说主要是几个西方发达国家。如果在某段时期内这些主要的世界货币供给国同时实行宽松的货币政

① POLLEIT, THORSTEN, GERDESMEIER, DIETER. Measures of Excess Liquidity [EB/OL]. http: //www. hfb. de/dateien/2005.

② G5是指这五个经济体：美国、欧元区、日本、英国和加拿大。G5的名义GDP（美元计价）占到全球总量的2/3，而且数据的质量良好，所以成为全球流动性过剩的测量重点。

策，或者货币增长率相对经济增长而言过快，在开放经济的背景下就会产生全球流动性过剩。

流动性过剩的概念虽然听起来很直观，但是要测量它却很难，这几乎是大多数学者的困惑。准确地衡量全球货币流动性很困难，更有挑战的是判断在哪一点上货币流动性开始变得过剩。从理论上说，衡量货币流动性有两个替代指标：价格度量（比如短期利率）和数量度量（比如各层次的货币供给总量）。Polleit（2005）① 提出了四种测量流动性过剩的数量方程：价格差额法（The Price Gap）、实际货币差额法（The Real Money Gap）、名义货币差额法（The Nominal Money Gap）、货币悬挂法（The monetary overhang）。在实际的研究文献之中，被用来测量流动性过剩的方法常见的有以下几种：

（1）货币供给增长率。最初的文献在描述全球流动性过剩问题时，曾经直观地运用世界狭义或广义货币供给增长率来形容流动性的快速膨胀。观察 G5 经济体从 1990 年以来的货币供给增长率曲线，可以明显发现，不论狭义货币还是广义货币供给增长率，在 2002 年以后都呈现出加速的特点。来自国际货币基金组织（IMF）的数据表明，世界广义货币在 2004—2005 年快速增长，其增长速度是 1980 年代以来最快的。②

（2）马歇尔 K 值，即货币总量/名义 GDP。要明确判断是否存在全球流动性过剩，仅仅看全球流动性增长率是不够的，因为经济的扩张和国际交易的扩大也需要更多的货币。虽然货币增长并不一定永远要比名义 GDP 快，但是两者的比率还是值得研究的，假定货币流通速度不变，名义 GDP 是货币交易需求的

① POLLEIT，THORSTEN，GERDESMEIER，DIETER. Measures of Excess Liquidity [EB/OL]. http：//www. hfb. de/dateien/2005.

② RASMUS RÜFFER，LIVIO STRACCA. "What is Global Excess Liquidity，and Does it Matter" [R]. ECB，Working Paper Series. NO. 696/11，2006.

良好替代指标。Morgan Stanley（2005）[①] 定义用马歇尔 K 值来衡量流动性过剩。学者们分别测量了若干主要经济体的马歇尔 K 值，包括狭义货币和广义货币两种数据，证明全球流动性过剩的存在。

余永定指出，G5 的广义货币存量与名义 GDP 之比在 1996—2006 年之间上升了 20 多个百分点。[②] Sebastian Becker（2007）的计算也显示：自 1996 年以来，全球流动性确实比名义 GDP 增长要快。从狭义货币[③]来看，特别是在 2001—2003 年之间，在国家水平上，除美国以外的所有被研究的国家[④]，其狭义货币都产生了流动性过剩，其中日本比较典型，因为它实行了长期的零利率政策。然而全球狭义货币流动性从 2006 年第 2 季度开始已经逐渐下降并出现了负增长，主要原因是世界范围内的紧缩货币政策。从广义货币层面来看，所有样本经济体自 1996 年以来也产生了流动性过剩（加拿大除外）。广义货币流动性过剩主要产生于美国、日本、欧元区和英国。英国在 2004 年到 2006 年创造广义货币流动性的速度是最快的，这是因为其金融市场非常发达，信用扩张使广义货币（M_4）的增长非常快。

这种狭义货币与广义货币流动性增长的分歧意味着什么呢？广义货币是在狭义货币的基础上通过信用扩张创造出来的，二者的变化趋势应该趋同，在狭义货币与 GDP 的比率下降的时候，似乎广义货币流动性也应该相应地减少。2008 年美国金融市场发生的危机给出这样的答案：在狭义货币紧缩的情况下，过度

① MORGAN STANLEY. Is Global Excess Liquidity Drying Up? ［J］. Global Economic Forum, 8, Novermber, 2005.

② 余永定. 理解流动性过剩［J］. 国际经济评论, 2007（7）：5-7.

③ Sebastian Becker 用各国可以获得数据的 M_1 作为狭义货币，英国在 2006 年第一季度之前用 M_0 作为狭义货币。

④ 他们研究的对象是 G5，另外还加上澳大利亚、新西兰、中国和印度。

的信用扩张和金融创新派生的广义流动性也会突然减少，金融市场会出现瞬时的流动性不足。只不过广义货币对狭义货币偏离的回归有个时滞效应。

张明（2007）[①] 计算了美国、日本、欧盟以及东亚经济体、沙特和俄罗斯的马歇尔 K 值。结果发现美国的狭义货币与名义 GDP 比率（M_0/GDP、M_1/GDP）从 2000 年以来并未出现明显增长，M_2/GDP 甚至低于 20 世纪 70 年代初期的水平，但 M_3/GDP 从 2000 年以来出现了显著增长。而日本无论是 M_2/GDP 还是 M_3/GDP 的指标值均远远高于美国，2005 年其 M_2/GDP 达到 144%，M_3/GDP 达到 230%，而同期美国的相关指标为 54% 和 82%。欧元区自 1998—2005 年马歇尔 K 值变化比较平缓。他认为欧洲并不存在明显的流动性过剩。但是张明没有将英国的相关指标单独加以测算。在东亚经济体中，从广义货币与名义 GDP 的比率来看，自 2000 年以来增长最快的主要有：中国、中国香港、中国台湾、马来西亚。作为石油输出国成员的沙特阿拉伯，其广义货币和狭义货币与名义 GDP 的比率都处于比较平稳的水平。俄罗斯的狭义货币与 GDP 比率增长缓慢，M_2/GDP 自 2000 年以来增长迅速。

（3）货币差额法，是用实际货币存量水平与均衡货币存量水平之间的差额来衡量流动性过剩程度，如果前者高于后者，就存在流动性过剩。关于均衡货币存量水平的测定有多种方法，例如欧洲中央银行就将其定义为与价格稳定相一致的货币存量水平。具体测算时需要主观选择一个基期，并对潜在产出水平、货币流动速度等进行严格假设，所以只能对某一单个经济体进行实证测算，而应用于全球经济或者像 G5 这样的经济体组合时，可能会产生较大的偏差。

① 张明. 流动性过剩的测量、根源和风险涵义［J］. 世界经济，2007（11）：44－55.

(4) 货币悬挂法，这个方法对货币差额法的局限性进行了改进。均衡货币存量水平是基于一个由货币需求方程推出的长期关系，真实货币存量水平再同由模型估计出的均衡水平相比较，这一定义消除了选择基期的问题。[①] Christian Dreger，Jürgen Wolters (2008)[②] 的实证研究表明，真实货币差额法和货币悬挂法测量的流动性过剩，并没有给欧洲地区带来明显的通货膨胀压力。

裴平、黄余送 (2008)[③] 以最优货币供给规则为理论视角，采用适度货币供给增长率作为判断标准，以实际货币增长率对适度货币供给增长率的偏离来衡量流动性过剩（短缺）的程度。这种方法也可以看作是货币悬挂法的改进。他们根据中国实际情况测算出适度的货币供给增长率为 14.4%。测算结果表明，中国 1999 年 10 月至 2002 年 6 月存在流动性短缺；2002 年 7 月至 2004 年 8 月，存在明显的流动性过剩；2004 年 9 月至 2005 年 4 月，由于中国人民银行的强力调控，货币供给增长率下降，出现轻微流动性短缺；2005 年 5 月至 2007 年 1 月，又出现明显的流动性过剩问题。

1.3.1.3 全球流动性过剩产生的根源

我们必须从全球流动性的供给机理出发，才能真正把握流动性过剩产生的根源，不能把流动性过剩带来的后果和现象当成其原因。

(1) 发达国家宽松的货币政策是流动性过剩的源头。很多

---

① 金成晓、王猛. 国外流动性过剩理论的最新发展：一个文献综述［J］. 江汉论坛，2008 (9)：19-22.

② CHRISTIAN DREGER，JÜRGEN WOLTERS. M_3 Monetary demand and Excess Liquidity in the Euro Area［J］. German Institute for Economic Research (DIW Berlin) discussion paper NO. 795，may 2008.

③ 裴平、黄余送. 中国流动性过剩的测度方法与实证［J］. 经济学家，2008 (5)：111-120.

文献都提到了2001—2005年期间，世界主要经济体（美国、日本、欧盟）实行了宽松的货币政策。全球实际利率保持在创纪录的低水平，2000—2005年，美国、日本、欧盟三大经济体的短期和长期实际利率为负值。2001年1月到2003年6月，美联储连续13次下调联邦基金利率，使该利率降至1%的历史最低点。而日本在2000年之后一直实行零利率政策，欧元区的短期利率从2000年第四季度的5.02%连续下调至2004年第一季度的2.06%。英国的短期利率从2000年第三季度的6.12%连续下调至2003年第三季度的2.50%。发达国家国内的低利率政策降低了银行信贷成本和投资的机会成本，从而促使广义货币迅速增长。并且日本的M_1与GDP的比率快速上升并处于很高的水平，没有被日本经济吸纳的大量低成本日元通过对冲基金等各种渠道进行全球套利，成为全球流动性过剩的重要原因。在日本的外国银行短期借贷从2004年7月的2900亿日元上升到2007年3月的95 000亿日元，外国银行短期借贷的比例也从2.7%上升到42.9%。①

（2）资产价格上涨、金融创新和金融衍生产品的繁荣。全球股票、债券和房地产等资产价格的上涨，既是流动性过剩的结果又进一步强化了流动性过剩。金融资产价格的上涨会带来财富效应，从而可能刺激消费和交易，增加货币需求。Herring and Wachter（2003）② 指出：房地产价格上升可以通过两种渠道来推动银行信贷扩张。第一，房地产价格上升提高了银行自有资产价值以及房地产抵押物的价值，促使银行提供更多的房地产抵押贷款；第二，在房地产繁荣时期，由于风险短视银行的

① BECKER，SEBASTIAN. Global Liquidity Glut and Asset Price Inflation. Deutsche Bank Research，2007（5）.

② HERRING R，WACHTER S. Bubbles in Real Estate Market. Asset Price Bubbles：The Implications for Monetary，Regula－tory，and International Policies［M］. MIT-Press，2003.

竞争越来越激烈，那些原本谨慎的银行也不得不放松贷款标准。资产价格的上升将会导致银行对资产需求量的上升。另外，金融创新导致的各种流动性金融工具的大量出现，从非流动性资产到流动性资产的易变性，提供了广义货币流动性。金融衍生商品的杠杆效应，使得投资者潜在的金融权益被放大多倍，导致金融流动性大大增加。据朱民、马欣[①]统计，2006 年的全球流动性中，M_0 占 1%，M_2 占 11%。证券化债券只占全球流动性的 13%，而以金融衍生产品形式存在的那部分流动性约占 75%，金融衍生产品的价值与全球 GDP 的比率高达 800%。

（3）经济全球化带来的多重流动性创造。经济全球化过程中出现的不同类型的资本流动可能具有多重货币创造的功能。[②]产业跨国转移过程无论是采取外商直接投资还是资本市场融资并购方式，抑或是依赖金融衍生品进行，都会经过银行或者资本市场形成货币创造。此外国家之间的经常性项目与资本项目补偿过程会形成货币创造。全球经济失衡导致的结构性储蓄过剩问题，也成为全球流动性提供的一个渠道。新兴市场经济体的外汇储备通过主权财富基金等形式回流到美国，完成了流动性在全球的循环。石油输出国的石油美元回流到美国或其他发达国家，也相当于创造了流动性。也正是由于石油美元回流机制的存在，石油输出国的贸易顺差引致的外汇储备增加并没有导致国内基础货币或信贷相应的增长。Sebastian Becker（2007）认为，东亚经济体的固定汇率制度加重了全球流动性过剩，但是他没有对此观点进行严格的论证。东亚经济体积累了大量的外汇储备，的确给本国带来了明显的流动性过剩问题，但不一定是全球流动性创造的根本因素。更确切地说，东亚新兴经济

① 朱民、马欣. 新世纪的全球资源性商品市场［J］. 国际金融研究，2006（11）.

② 唐杰. 汇率、经济增长与流动性过剩［J］. 开放导报，2007（12）.

体是充当了吸收全球过剩流动性的角色。

1.3.1.4 流动性过剩的影响及其跨国溢出效应

流动性过剩意味着相对于产品或者资产来说，追逐它们的货币过多。因此过剩的流动性必然会在产品或资产价格中有所反映。如果过多的流动性追逐真实产品，就会带来某些重要产品（如石油和黄金）价格的上涨，甚至会导致核心价格水平的上涨，带来通货膨胀；如果过多的流动性追逐金融资产和房地产，就会导致这些资产价格过度上涨产生泡沫。学者们对于全球流动性过剩所产生的影响进行了比较详细的研究。

（1）流动性过剩对资产价格的影响。过剩的货币流动性最直接的去向就是证券和房地产市场，虽然货币流动性转化成市场流动性可能存在一个滞后效应。根据 Sebastian Becker（2007）的测算，G5 广义货币快速增长，在两年以后对世界股票市场回报率有正向的影响。在全球流动性过剩的背景下，事实上，各国的资产价格也迅速繁荣。各主要发达国家的股票指数从 2003 年开始转跌为升，截至 2007 年第二季度，美国、加拿大和日本的股票指数均显著超过 2000 年的峰值水平，欧元区和英国的股票指数也接近或达到该水平。G5 流动性过剩总量产生的滞后效应，明显地体现在美国和英国的房地产价格上。有趣的是，英国房价与全球流动性之间的关系，比其与英国本国 M_4 之间的联系更加紧密，这一发现也可能反映了英国国际金融中心的地位。许多文献实证分析证明了资产价格与流动性过剩存在显著的相关性。Adalid and Detken（2005）① 证明，对 18 个 OECD 国家来说，自 20 世纪 70 年代以来，流动性过剩和总资产价格存在着紧密的联系，即使考虑了货币和信贷的内生性之后也是如此。

① ADALID RAMON, DETKEN CARSTEN. Excess Liquidity and Asset Price Boom / Bust Cycles [EB/OL]. http://www.ecb.int/pub/pdf/scpwps/ecbwp732.pdf. 2005.

Belke, Water (2007)[①] 在全球视角内用 OECD 国家的总量数据研究了全球流动性和资产价格的关系，结果表明，正向的全球流动性冲击导致全球 GDP 平减指数和房价指数的永久性增长，而后者的反应更加突出。

（2）流动性过剩与通货膨胀。根据货币数量论，如果货币供给量相对于经济增长过快，经济可能面临着通货膨胀的压力。从 2000 年以后的全球经济基本面来看，迄今为止尚未发生严重的通货膨胀。从 2002 年至 2007 年，全球核心通货膨胀率在 2% 左右，发达国家低于 2%，发展中国家也不高于 3%。不过伴随着流动性过剩，全球大宗商品（如石油、黄金、有色金属等）价格开始快速上升，黄金是储备资产，储备资产价格大幅上升，与通货膨胀预期和货币贬值是同步的。大宗商品的价格上升单从供应缺口无法解释，比如铜和石油的价格上升都是在供大于求的状况下发生的。对于这些商品价格的非理性高涨，有人认为是国际流动性货币脱离实体生产体系进行投机操作的结果。[②]

对于为什么全球流动性的过剩没有带来主要世界货币输出国的通货膨胀，主要的解释有以下几种：受经济全球化的影响，发展中国家产品和劳动力市场价格低廉，阻止了发达国家产品和服务价格的上涨；一个广泛认可的说法是，过剩流动性主要流入了资产市场（比如债券、股票和房地产）引起了资产价格而不是消费品价格的上涨；还有一个解释认为，过剩的流动性被发展中国家吸收，也就是说，在开放的世界经济体系中，美国、日本、欧盟等过度发行的货币并没有给它们自身带来通货膨胀的代价，而是转嫁给了其他国家。因此，就连一贯注重控

① ANSGER HUBERTUS BELKE, WATER ORTH. Global Excess Liquidity and House Prices - A VAR Analysis for OECD Countries [R]. Ruhr Economic Paper NO. 37, December 2007.

② 曹新. 国际油价变动趋势和中国石油安全问题研究 [J]. 经济研究参考, 2007 (60).

制通货膨胀率的欧盟，当认识到了这一好处之后，也开始降低利率，实行宽松的货币政策。Chengsi Zhang，Hong Pang (2008)① 通过计量模型检验发现，1997—2007 年期间，流动性过剩给中国带来了明显的通货膨胀压力。

Rasmus Rüffer and Livio Stracca（2006）对 G5 模型的测量已经具有统计上的显著性：流动性过剩在全球水平上对产出和价格产生了冲击；流动性过剩是代表通货膨胀压力的一个有用指标。

（3）流动性过剩的跨国溢出效应。较早期的关于国际货币政策传递的模型是蒙代尔—弗莱明模型（MF）。当货币是外生变量时，扩张的货币政策创造的流动性没有直接的数量上的溢出。本国货币政策与外国产出之间应该存在反方向关联。然而，外国货币当局可能会注入更多的货币来缓解其产出的下降，这种行为可能会在本国货币与外国货币之间形成正向的联系。在新开放经济模型中（Obstfeld and Rogoff，1995）② 由于短期价格粘性，在真实利率下降时，相对于未来的商品，当期商品变得更便宜，使得对国内和国外产品的需求会同时增加，因此国内扩张的货币政策反而会促进国外的产出水平，这一点与 MF 模型不同。

对流动性过剩的跨国溢出效应，国外学者也进行了大量的实证研究，大多数研究焦点集中在 VAR 框架中货币政策冲击的传导。已经有许多文献证实③，美国扩张的货币政策，通过降低

---

① CHENGSI ZHANG，HONG PANG. Excess Liquidity and Inflation Dynamics in China：1997 - 2007 [EB/OL]. http：//papers. ssrn. com/sol3/papers. cfm? abstract_id = 1189820#. 2008.

② OBSTFELD M，K ROGOFF. Exchange rate Dynamics Redux [J]. Journal of Political Economy，1995（103）：624 - 660.

③ Kim，S. International Transmission of US Monetary Policy Shocks：Evidence from VARs. Journal of Monetary Economics，2001，48，PP. 339 - 372.

世界真实利率，刺激了全球总需求。从而对其他国家的产出和证券市场的发展有正向的影响。但是这些实证分析典型的局限是，只分析货币政策领导国（如美国）的政策对追随国（具有开放小国特征）的影响，而对于货币政策在规模相当的国与国之间如何传递研究得不足。Rasmus Rüffer and Livio Stracca (2006)① 在此方面作出了新的贡献。他们从全球的视角出发，不仅分析美国货币政策对其他国家的影响，而且也分析了全球货币冲击对美国的影响。他们收集了15个国家的数据，用狭义货币、广义货币与名义GDP的比值，代表流动性过剩的程度。并用真实GDP加权（1995年购买力平价汇率计算）的G5国家货币总量，来代替全球货币总量。研究表明：韩国、巴西和新西兰的货币条件可能会受到五个主要工业国家的影响。全球流动性冲击对欧洲和日本的产出有同方向的影响，而对美国的产出有反向影响。全球流动性对欧洲和日本的经常账户没有影响，但是对美国的经常账户有正向影响。因此，全球扩张的货币冲击有助于减轻美国外部不平衡而不是恶化它。美国好像对全球流动性冲击具有某种“免疫力”，对此现象Schmidt（2006）②的解释是因为国际市场以美元定价的机制。但是Rasmus Rüfer (2006) 利用真实有效汇率来分析，并没有得到预期的结果。格兰杰因果检验表明：工业国对群组之外的其他国家的影响较大，而在这些国家之间相互影响有限。他们的数据不支持重力模型(Gravity Model)，说明流动性过剩的传导在地理分布上特点不明显。我们认为，这可能是因为资本在全球流动的方式与贸易流动不同。

① Rasmus Rüffer and Livio Stracca. “What is Global Excess Liquidity, and Does it Matter” ECB, Working Paper Series. NO. 696/11, 2006.

② Schmidt, C. International Transmission of Monetary Policy Shocks: Can Asymmetric PriceSetting Explain the Stylised Facts? International Journal of Finance and Economics. 2006, 11, 3, pp. 205-218.

此外，张明[①]借助“中心—外围”理论来解释全球流动性过剩的传导，认为位于中心的美国与日本释放流动性，位于外围的东亚国家和石油输出国吸收流动性，同时将一部分流动性重新注入美国。其思想与复活的布雷顿森林体系（revivedbretton woods system）有相似之处。

1.3.1.5 解决方案

对如何解决全球流动性过剩问题，现有文献提出的建议比较少。更多的文献是指出全球流动性过剩的潜在风险，应该防范各自国家内部的风险，警惕由于泡沫破灭影响实体经济。Sebastian Becker（2007）[②] 认为，从长期来看，使全球流动性回到合理（正常）水平的基本方案有两个：（1）继续实行2006年以来的全球紧缩的货币政策，尤其是欧洲央行（ECB）、英格兰银行（BOE）或日本银行（BOJ）的长期利率在短期内不应该立即放松。（2）保持全球名义GDP的增长快于同期货币存量增长。他们认为第一个方案可能触发世界信用、证券市场重新定价的风险，第二个方案对金融市场来说相对要好得多。遗憾的是，2008年美国的次级债危机的蔓延已经挫伤了华尔街金融机构，造成信用萎缩，资产价格泡沫破灭，市场流动性迅速下降，并拖累美国和世界经济走向衰退。世界各国联手挽救的重要方式，就是降低利率，继续注入大量的流动性，实际上已经放弃了紧缩的货币政策，看来第一个方案已不可行。目前只能选择第二个方案，保持世界各国的经济快速增长或者不至于衰退，实现这一目标的主要的力量恐怕还是要来自于广大发展中国家和新兴市场经济体。而在世界各国经济高度依存的情况下，这

① 张明. 流动性过剩的测量、根源和风险涵义［J］. 世界经济，2007（11）：44－55.

② SEBASTIAN BECKER. Global Liquidity Glut and Asset Price Inflation［R］. Deutsche Bank Research，2007（5）.

些发展中国家也很难实现独自的繁荣。因此，此时是改变发展中国家在国际贸易和分工领域的不平等地位的良好契机，不过这确实是一个复杂而漫长的过程。

1.3.2 关于中国流动性过剩的研究述评

在全球流动性过剩的大环境下，开放并快速发展的中国经济也饱受流动性过剩的困扰。对此，学者们从多个方面进行了研究。国内学者从2005年开始关注并研究中国的流动性过剩问题，并在2007年和2008年达到研究的高潮。笔者搜索了中国知网的学术期刊全文数据库，关于中国流动性过剩问题的研究公开发表的文献情况分布情况是：2005—2010年，专门研究流动性过剩的论文共有1059篇，其中2005年3篇，2006年48篇，2007年381篇，2008年373篇，2009年91篇，2010年48篇。可以大致看出理论研究是伴随这一现实经济问题的变化而变化的。中国的流动性过剩问题研究的内容主要涉及以下方面：

1.3.2.1 中国是否存在流动性过剩及其表现

由于学者们对流动性过剩问题研究的切入点不同，对流动性过剩有不同的表述，比如商业银行流动性过剩、货币流动性过剩、市场流动性过剩等。因此他们对于中国是否存在流动性过剩以及衡量的标准也就各不相同。

（1）银行体系中的流动性过剩。中国的流动性过剩问题首先在商业银行体系中表现出来。因此最早研究中国流动性过剩的文献，几乎都是研究的商业银行流动性过剩。对于银行的流动性过剩，大多数学者接受英国 Macdonaldand Evans 公司出版的《经济与商业辞典》中的概念，即银行自愿或被迫持有的流动性超过健全的银行业准则所要求的通常水平。该词典后来的再版中关于流动性过剩的含义概括为：无论是自愿还是其他原因，当银行持有的流动性资产超过稳健经营原则所对应的必要水平时，就发生了流动性过剩。学者们往往通过以下几个指标来判断中国的银行体系中出现了普遍的流动性过剩：

第一，存贷差扩大。最早研究中国银行体系出现流动性过剩都从存贷差扩大来表述。2000—2007 年我国金融机构存贷差上升速度很快，表明商业银行存在流动性过剩[①]。截至 2005 年末，存款增速高于贷款增速 3.71 个百分点，是 2000 年的 3.8 倍；金融机构存差达到创纪录的 9.2 万亿元，占存款余额的 32%；存量的贷存比为 68.0%，新增量的贷存比为 53.6%[②]。但是有学者指出，仅仅看存贷差扩大还不能够全面反映银行流动性过剩，因此还要结合其他相关指标来分析。

第二，银行拥有的超额准备金过多。余永定（2007）认为[③]，商业银行过剩的流动性资产就是其所拥有的超额准备金，超额准备金率是衡量银行流动性过剩的一个重要指标。金融机构在中央银行的超额准备金由 2000 年末的 4000 亿元增长到 2004 年末的 12 650 亿元，年均增长率高达 32.9%，截至 2005 年 12 月末，全部金融机构超额储备率达 4.17%（连建辉、翁洪琴，2006）。围绕流动性过剩问题，从 2006 年 7 月开始中国人民银行连续 19 次上调了法定存款准备金率，但是对于缓解流动性过剩收效存在明显的时滞效应。2007 年 5 月份的数据显示，中国商业银行的平均超额准备金率已经下降到 1% 左右，如果仅以超额准备金率为尺度，似乎银行体系的流动性过剩已经得到控制。但是余永定（2007）认为，仅仅根据银行超额准备金率的变化来判断流动性是否过剩是不够的。理由是，在其他条件不变的情况下，超额准备金的变化可能是商业银行贷款意愿变

① 连建辉，翁洪琴．银行流动性过剩：当前金融运行中面临的突出问题［J］．财经科学．2006（04）：5－11．

② 朱庆．解读当前市场流动性过剩［J］．上海经济研究，2006（10）．

③ 余永定．理解流动性过剩［J］．国际经济评论，2007（7）：5－7．

化的结果。如果商业银行的贷款意愿不变，央行提高法定存款准备金率一般会导致超额准备金率的下降。但是，如果商业银行的贷款意愿增加，即便央行没有提高法定准备金率，超额准备金率也会随着商业银行贷款的增加而下降。

第三，持续走低的货币市场利率。从 2005 年 3 月开始，整个货币市场利率持续走低。其中，银行间市场同业拆借利率（7 天）从最高位的 2.26% 下降到最低位的 1.48%，直到 2006 年 6 月才回到 2.19%。2005 年末质押式国债回购 7 天品种加权平均利率仅为 1.56%，比年初的 1.84% 下降了 28 个基点，银行间市场 1 年期国债和央行票据的收益率徘徊在 1.32% 和 1.42% 左右，两年期金融债发行利率也跌至 2.0% 以下，均低于 1 年期 2.25% 的银行存款利率，货币市场利率与银行存款利率出现了倒挂现象。中国银行间拆借市场的利率水平比较低，这说明流动性是充沛的。

总之，在判断银行体系是否存在流动性过剩时，大多数学者都认为不能仅仅根据某一个单一的尺度来衡量，而应该结合多种标准。无论采取什么尺度，被承认的客观事实是，在 2005 年至 2007 年间，中国的商业银行出现明显的流动性过剩。

（2）宏观经济层面的流动性过剩。随着客观经济情况的变化和研究的深入，国内文献逐渐将研究视角从银行体系转到宏观经济层面上来。宏观角度的流动性过剩可以说就是货币供给大于需求或者货币供给速度超过了正常经济增长所需要的水平。从货币供给的角度来看，很容易判断出中国在 2002—2006 年期间出现了流动性过剩。

国内学者们除了上文提到的马歇尔 K 值、货币差额法等衡量中国存在着流动性过剩之外，朱庆（2006）还用超额货币（excess money EM）变化率来描述超额供给这一现象，即超额货

币变化率 = 货币供给增长率 - 经济增长率 - 物价上涨率。他用GDP 增长率近似代替经济增长率，用居民消费价格指数近似代替物价上涨率，分别计算了与 M_1，M_2 相对应的超额货币变化率 EM_1 与 EM_2。结果是 1998—2005 年年均 EM_1 与 EM_2 分别高达 5.4 和 6.5。2006 年上半年货币供应量 M_1 和 M_2 同比分别增长 15.30%、18.43%，比上年同期分别上升 4.30 和 2.76 个百分点，但 GDP 增长率为 10.9%，相比 2005 年同期 9.9% 仅有微弱增长，居民消费价格指数 CPI 同比也仅上涨 1.3%，货币超额供给的态势严重。

1.3.2.2 产生流动性过剩的原因

对于国内流动性过剩产生的原因，学者们给出了各个视角的观点，可谓众说纷纭。笔者据目前掌握的资料概括如下：

（1）从金融体制和货币政策的角度来分析。裴平、熊鹏（2003）认为[①]，货币政策传导机制存在缺陷，货币政策传导中存在“渗漏”效应，大量货币不是被传导并作用于生产、流通和消费等实体经济环节，而是“渗漏”到股票市场和银行体系。这些“渗漏”的货币在经济形势好转的情况下，就会通过股票市场和银行体系回流出来，造成市场流动性过剩。卢万青、魏作磊（2008）[②] 认为金融发展的相对滞后加剧了流动性过剩。

（2）经济结构失衡。国内有学者认为，相对于投资和出口的高速增长，我国的消费近年来虽有增长加快的趋势，但仍远落后于前二者的增速。特别是 2002 年以来投资增长的速度持续超过消费增速，投资与消费的比例失衡问题加剧，消费相对落后使大量资金沉淀在银行体系内部循环。投资与消费的结构失

① 裴平，熊鹏. 我国货币政策传导中的“渗漏”效应［J］. 经济研究，2003（8）.

② 卢万青，魏作磊. 当前我国流动性过剩的主要原因是结构性失衡［J］. 经济学家，2008（2）.

衡是造成中国流动性过剩的根本原因。进一步来讲，20 世纪 90 年代以来，我国居民消费占比逐年萎缩，固定投资总额占比日益膨胀，主要原因是我国分配的结构性失衡所致。至于投资过热的原因，卢万青（2008）认为是政府和国有企业出现投资冲动并引致投资过度的现象。因为政府投资者和国企投资者不是拿自己的钱进行投资，不承担至少是不完全承担投资失败的损失，而扩大投资可以获得政绩或者控制更多的资源。

（3）产业结构不合理。许文彬（2008）[①] 认为中国的流动性过剩是由于第二产业对资本的吸纳能力饱和，制造业等传统产业资本溢出效应显现，而中国巨大的就业压力阻碍了产业结构升级，第三产业发展滞后，所以过剩的资本进入房地产和金融市场，流动性过剩问题开始形成。但是，他的推断没有给出相关的检验，而且并没有从根源上解释为什么第二产业会在这个时期普遍出现资本溢出效应。仅仅依据资本边际报酬递减规律恐怕不能作为有力的证据。

（4）实证分析。国内许多学者运用各种实证分析方法，试图寻找出造成中国流动性过剩的原因，得出的结论不尽相同。李勇（2007）采用 2000 年到 2006 年 9 月的数据，实证分析认为外汇占款是造成我国流动性过剩的主要原因。但是其研究的缺陷是：模型中所纳入的变量太少，无法判断外汇占款是占绝对主要地位的影响因素。李婷（2008）从宏观角度出发，选取银行存贷差作为反映流动性过剩的指标，以 2000 年 1 月至 2007 年 10 月的相关数据为基础，采用协整分析和格兰杰因果关系检验等方法，得出以下结论：流动性过剩同外汇占款、货币发行量 M_2、股票市场以及贸易结构存在协整关系，外汇占款、M_2、

① 许文彬．经济增长、产业结构演进与流动性过剩［J］．财经问题研究，2008（8）：40－45．

股价可以视为导致存贷差不断扩大即流动性过剩的原因，但目前贸易结构并不是导致我国流动性过剩的直接原因。这一研究的不足之处是，没有理清流动性过剩的理论含义，将 M_2 作为一个独立于流动性过剩的因素来研究，在经济原理上有循环论证之嫌。章和杰、钱小兵（2008）将中国流动性过剩产生的原因分为内部原因和外部原因，运用协整方程、误差修正模型（ECM）、脉冲响应函数和方差分解分析了中国流动性过剩的原因。结论认为，货币供应量与外汇储备、国内收入制度变量之间存在长期的稳定正相关关系，外汇储备对货币供应量增加的贡献度最大，中国流动性过剩问题主要是由于中国长时间双顺差导致外汇储备激增所引起的。余华义、陈东（2009）用 1997—2007 年的数据实证分析证明，贸易顺差是造成流动性过剩的主要原因。

1.3.2.3　解决的思路

对于如何缓解或者根治中国的流动性过剩，学者们从不同的角度进行了讨论。虽然没有形成统一的意见，但是对于流动性过剩如此复杂的经济问题，试图运用某一种单一的手段就可以解决，显然是不可能的。而流动性过剩的解决还需要从长远的、开放的、系统的视角来分析才能得到比较科学的思路。国内学者对中国流动性过剩的解决思路，大致可以归纳为以下几点：

（1）适度从紧的货币政策。面对流动性过剩，短期的对策就是实行紧缩的货币政策。这在实践中也被采用。2006 年 7 月开始，中国人民银行连续 19 次提高法定存款准备金率直接的目的就是吸收银行体系的流动性过剩。然而，适度从紧的货币政策只能治标，不能治本，我国不能仅依靠货币政策来根治流动性过剩。很多学者认为需要多种调控手段的配合，才能发挥作用。朱庆（2006）提出积极扩大公开市场操作，扩大交易对象，增加交易工具，加大冲销、创新力度，减缓外汇占款过多导致的流动性过剩压力；搭建货币政策的有效传导机制，抑制货币政策传导过程的“渗漏”效应；根据宏观经济形势变化，适时、准确地进行宏观调整，避免政策操作的偏差。

（2）深化国内金融体制改革。李勇（2007）认为，我国流动性过剩与现行汇率制度和外汇管理体制下国际收支双顺差所带来的外汇占款之间存在着密切的相关性，是造成流动性过剩的主要原因。因此，我国要彻底解决流动性过剩问题必须要深化汇率形成机制和外汇管理体制改革。陈非、金超然（2009）从微观的角度提出缓解银行流动性过剩的途径，认为商业银行应该发展多元化业务，分散其行流动性风险；应该不断通过制度创新来促进资产结构的多元化以及盈利的抗风险能力。此外，我国监管当局还应该建立系统的流动性管理指标和预警体系。

（3）调整经济结构，扩大内需。朱庆（2006）认为，应该加大经济结构和区域结构调整力度，促进区域经济协调发展；加快社会保障体系建设，促进消费快速增长。只有经济结构和区域结构得到优化，经济运行质量得到提高，市场流动性过剩才能从根本上得到扭转。余华义、陈东（2009）认为，我国的流动性过剩主要原因是贸易顺差持续扩大，因此他们给出的对策也就是如何减少贸易顺差的问题。途径包括：人民币升值、调整出口退税政策、优化进口结构并适当扩大进口规模、解除企业和居民在海外投资方面的限制、鼓励企业和民众进行海外投资等。

（4）产业结构转型。许文斌（2007）认为发展第三产业，充分发挥其劳动力吸纳能力，对在妥善化解就业压力的前提下推动我国整体产业资源结构的高度化转变具有十分重要的意义。

而一旦第二产业的资源结构转变得以完成，资本密集型的增长方式开始形成，则其资本吸纳能力将得到倍数放大，流动性问题自然也就迎刃而解。

1.3.2.4 简单评价

国内学者们在研究中国流动性过剩问题时，大都是从中国经济内部来寻找原因和对策。这也许是出于传统的“内因是动力，外因是条件”的思维方式，也许能直接找到问题的主要矛盾，但是在全球化的背景下孤立地研究开放的中国经济问题，也难免会有失偏颇，犯盲人摸象的错误。尽管有少数的实证研究将外汇占款、外汇储备或者贸易顺差这些因素纳入到分析中，并且还验证了这些变量在造成中国流动性过剩中发挥了作用，但是现有研究还没有从开放的和系统的角度，将中国的问题放在全球化的环境中来综合分析，也没有发现有文献专门研究中国流动性过剩的输入性问题。

1.4 创新之处与不足

本研究的创新之处主要归结为以下三点：

第一，视角有所创新。现有的对流动性过剩的研究存在着不足，国外有学者运用模型实证分析全球流动性过剩的跨国溢出效应，但很少有研究把中国列入其中，更没有专门研究中国的流动性过剩问题。而国内学者在研究中国的流动性过剩问题时，往往封闭地分析原因并寻找解决之道，忽略了当今全球化的现状。虽然有些国内文献提到了全球流动性过剩，但是也仅仅是作为一个前提背景，没有在一个统一的、完整的框架下对中国的输入性流动性过剩进行研究。本书从全球化和国际分工格局的出发，将国际货币体系作为制度因素，系统地分析全球流动性的创造与膨胀，以及全球经济失衡、中国的双顺差是如何导致流动性输入中国的，在一定程度上弥补了现有研究的不足。

第二，提出了若干独特的观点，具有一定的原创性，相应的对策措施更具有系统性和可操作性。本书认为，全球流动性过剩是全球化过程中在当今美元本位制下必然产生的现象；中国的流动性过剩是由中国的国际分工地位带来的流动性输入以及经济高速增长过程中超额货币发行所造成。在如何解决中国的流动性过剩的对策建议部分，本书从疏导和根治两条逻辑思路出发提出了对应的具体的思路，包括人民币国际化、外汇管理体制改革、对外直接投资与金融投资以及经济转型等。此外本书对若干相应的热点问题进行了独立的分析与判断，比如金融危机为何发生在美国？人民币汇率一次性升值到位是否有助于减缓热钱涌入？中国保持经济增速高于 M_2 增速是否可行？等等。

第三，研究方法上更加科学、全面。本书注重理论与实际的结合，以一定的理论基础合理地解释现实的经济问题，并运用理论解决问题。在分析中国流动性过剩的原因时，深入剖析了中国流动性过剩的外部原因和内部原因，既有规范分析论证又运用了实证分析来提供证据，验证了中国的流动性过剩带有明显的输入性特征，增强了文章的说服力。更加全面地掌握了问题的本质。

当然，本书还存在着一些不足之处，需要后续的深入研究来弥补。

首先，主要关注中国流动性过剩的输入性特征，虽然没有否认造成中国流动性过剩的国内因素，但是为了突出主题的需要，也许对于国内因素分析得不够全面。对于流动性过剩产生的内部原因，还有待后续研究的继续探讨。

其次，本书把中国的流动性过剩与中国出口导向型的发展模式联系起来，认为是这种开放模式造成了当前中国的国际分工地位和贸易失衡，从而导致流动性的过度输入。这一结论虽然在本书中得到了中国实证的验证，但是还需要更多国家（比如东亚与中国类似的经济体）的实证检验来验证。

2

全球化与国际资本流动的相关理论

本书将中国的输入性流动性过剩放在全球化过程中来分析，并不是将全球化作为一个分析的背景，因此，必须运用的基础理论包括全球化的内涵、全球化过程中的国际经济关系以及国际资本流动等理论。本章主要说明贯穿本书的理论基础，在浩瀚庞杂的理论流派和观点中，笔者根据研究的需要进行了选择，在最大限度地理解概括相关理论的同时，强调对后续研究有重要影响的理论。虽然在本章第四节中，笔者专门写了国际分工理论作为本书的研究视角。但是，本章中所涉及的经济理论将在以后章节的研究中运用。比如，在分析全球流动性创造和分配机理和国际货币体系等内容时，需要运用国际政治经济学的思想；在实证研究中国流动性过剩的原因时，就要使用开放的宏观经济学的相关研究方法。

关于全球化、国际分工与货币流动性之间的逻辑关系，可以这样理解：在全球化的过程中，各经济体按照各自的禀赋与模式参与到国际分工生产体系中来，国际分工格局决定了产业结构和贸易结构，从而各国的国际收支结构。在货币信用经济下，商品和要素以及资本的跨国移动，必然是以货币为媒介的，因此形成了国际货币流动性的循环。

2.1 经济全球化的内涵

2.1.1 全球化的定义

全球化（globalization）的概念，最早是20世纪60年代由“罗马俱乐部”提出的。随着全球化实践的发展，全球化的理论探讨也如火如荼。可以将近年来关于全球化的概念归纳为以下三种类型①：

（1）制度论，这种观点从社会制度，或者说生产关系的角度来理解全球化，认为全球化就是现代性的各种制度向全球扩张的过程。

（2）科技论，就是从生产力的角度来定义全球化，认为全球化就是在科技革命的基础上，世界经济的联系和依赖日益紧密的现象，是跨国公司跨国界扩张的活动过程。

（3）综合论，是上面两种观点的综合，认为全球化是以科技发展为主要推动力的客观历史进程，同时这种发展也必然引起生产关系的变化和发展。

对于经济范畴的全球化，不同的学者对于全球化有不同的定义。比如国际货币基金组织给出的定义是："全球化是跨国商品与服务交易及国际资本流动规模和形式增加，以及技术的广泛迅速传播，世界各国经济的相互依赖性增强。"② 这个定义可以描述全球化的各个层面的现象和动态发展过程，但是没有触及本质的动因。斯蒂格利茨把全球化精炼地归结为"世界各国更加紧密的一体化。"③ 这一定义明确了经济全球化发展的趋势和终极方向，当然在这个过程中，全球经济在每个阶段会出现不同的时代特征。

综合以上观点，本书认为，经济全球化是在市场经济的基础上，生产要素在全球范围内配置的过程，在这一过程中各个国家或经济体由于相互渗透、相互依存、相互竞争与合作，进而使全球经济形成一个整体。

① 白永秀，任保平．现代政治经济学［M］．北京：高等教育出版社，2008：341．

② 国际货币基金组织．世界经济展望［M］．北京：中国金融出版社，1997：45．

③ 斯蒂格利茨．全球化及其不满［M］．北京：机械工业出版社，2004：3．

2.1.2 经济全球化的特征和发展趋势

经济全球化表现在国际经济的各个方面，在生产、贸易、投资和金融等多层面都呈现出全球化的特征和趋势。

2.1.2.1 生产的全球化

人类的生产活动是以分工和协作的方式进行的，市场则起着分工媒介的作用，分工的深化程度反映着生产的社会化程度。当分工在空间上跨越了国界就产生了国际分工。生产全球化主要有两重含义：一是单个企业（主要是跨国公司）的国际化生产向纵深推进，其跨国经营的分支机构在数量上和地域上极大地扩展，在组织安排和管理体制上超越国界的局限；二是借助于跨国公司以及其分支机构间多形式的联系，逐步建立以价值增值链为纽带的跨国生产体系。以跨国公司为核心，建立了全球化生产体系，使世界各国的生产活动不再孤立。尤其是20世纪90年代以来，跨国公司无论是在数量上还是在规模上都有较大的发展和突破，这些跨国公司控制着全世界1/3的生产，2/3的贸易，70%的对外直接投资和70%以上的专利和其他技术转让，已经成为全球化的主要推动组织。

2.1.2.2 贸易的全球化

经济全球化的开端就是从国际贸易开始的，国际贸易的发展逐步加深了国家之间的联系。贸易全球化主要表现为国际贸易规模迅速扩大，参与国际贸易的国家不断增加。20世纪90年代以来，国际贸易的增长率远远超过了世界各国国民生产总值的增长率。2006年全球贸易增长8.5%，远高于世界经济3%的增长率。1995年1月1日世界贸易组织（WTO）成立时有112个国家和地区加入，到2002年已经达到180个。贸易全球化是经济全球化的内在驱动力量，今后各国之间围绕市场展开的竞争将越来越激烈，贸易自由化的长期趋势与短期贸易保护主义的现实将同时并存。

2.1.2.3　投资全球化

跨国投资一般可以采取证券资产投资与直接投资两种形式。尽管在当今的世界上，国际资本流动大部分采取的是证券资产投资的形式，但是直接投资的重要性远远超过前者，因为直接投资与生产要素流动的关系很紧密，并具有促使实际资源跨国转移的效应。国际直接投资的行为主体是跨国公司。伴随着跨国公司在全球范围内投资生产，配置资源，全球跨国投资一直在创纪录地发展，涉及的国家和地区明显增多。据联合国贸发会议统计，2000 年国际直接投资流入量达 12 710 亿美元，是 1980 年的 22 倍，相应地，国际直接投资占世界各国国内投资的比重也由 2.3% 提高到 22%。国际直接投资的发展趋势与国际分工模式的变化也是一致的。发展中国家吸收外资和对外投资的增长速度都在加快，同发达国家的差距正在缩小。投资的全球化使国家之间的生产、技术、销售和服务环节的交流得到了加强，经济一体化的程度越来越高。

2.1.2.4　金融全球化

金融全球化是经济全球化的重要组成部分，是全球金融活动和风险发生、分担机制日益紧密关联的一个客观历史过程。进入 21 世纪以来，各国逐渐放开了货币兑换和金融市场，到 2000 年底 IMF 的 182 个成员中，有 152 个国家和地区承诺实现经常项目可兑换，有近 40 个国家和地区已经实行或承诺资本项目可兑换，即本币自由兑换。货币的可自由兑换为金融全球化发展创造了条件。随着各国金融市场的对外开放和对金融机构从事跨国业务管制的放松，金融机构在全球开展各种金融业务，出现了许多全球金融百货公司。同时，发达国家的国际金融中心相互之间逐渐成为一个整体，金融全球化成为世界经济发展中最为关键而敏感的一个环节。当然，金融全球化的效应是双重的，一方面促使资金在全球范围内流动配置，另一方面也使金融风险在更复杂的全球环境中积累并扩散。

金融全球化使得国际资本流动规模迅速扩张，随着全球经济的迅速发展和金融一体化程度的提高，国际金融资本的流动逐渐恢复到占统治地位，表现出持续高速的增长速度，甚至不受经济周期和实质经济发展的影响。2004 年金融资本占全部国际资本流入总额的 92.4%，同期国际直接投资的比重下降到仅为 7.46%。

2.2 开放的宏观经济学的均衡调节模型

西方经济学的开放宏观经济模型主要用来解释和验证某个经济体在开放条件下的均衡调整以及国际收支调节问题，也包括研究国与国之间的经济政策的相互影响。而这些模型并不能用来解释全球化的一般进程和动力以及制度发展的问题，因为再复杂的模型也不可能把全球经济的各种因素系统地包纳进去。虽然如此，大多数模型都充分考虑了国际资本流动、国际收支平衡、汇率与利率调整等方面的因素，开放的宏观经济模型在研究全球化进程中国家之间的相互依赖与影响方面，仍然是有力的工具。

2.2.1 IS—LM—BP 模型的均衡调节

在开放经济条件下，将一国内部的一般均衡模型加以改造，引入国际收支均衡线 BP 之后，就是最简单的 IS—LM—BP 模型（如图 2.1 所示）。

BP 曲线表示的是使国际收支均衡的各种收入和利率组合，

其斜率反映一国资本流动性的特征。对资本流动限制越少，短期资本的流动对国内利率变化就越敏感，BP 曲线就越平坦。BP 曲线左边的点表示国际收支盈余，右边的点表示国际收支赤字。虽然汇率的变动可以用 BP 曲线移动来表示，但是这又要求该国经济满足马歇尔—勒纳条件①。

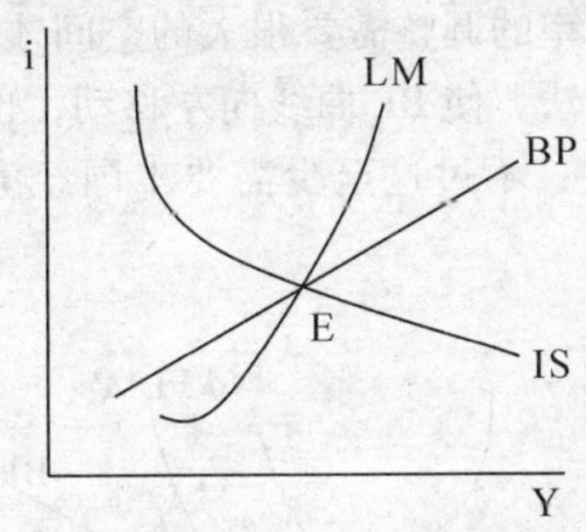

图 2.1　开放宏观经济一般均衡模型

具体的一条 BP 曲线是在固定的汇率下得出的。IS—LM—BP 模型主要用来分析固定汇率制下开放经济体的一般均衡调节问题。在三条曲线相交的 E 点，表示商品市场、货币市场和国际收支同时实现均衡，然而对于一国经济目标来说，这个均衡点可能并不是最佳的选择。当经济受到某种冲击的时候，国内货币政策和财政政策的搭配调节可以使经济重新回复到内部均衡；同时由于假定汇率固定，在其他影响国际收支的外生变量不变的情况下，BP 曲线保持不变，IS 和 LM 曲线的移动到新的均衡点也处于 BP 曲线上，也实现了外部均衡。

现在我们考虑当一个国家短期资本流动受到控制——BP 曲线的斜率比较陡峭，并且出现了国际收支盈余的时候②，面临着

① 马歇尔—勒纳条件表明的是：只有当进出口需求弹性之和大于 1 时，本币贬值才能改善一国的贸易逆差。

② 因为这种状况与当前中国的实际情况相符。

怎样的选择。如图 2.2 所示，假设国内经济达到均衡，而均衡点 E_1 在 BP 曲线的左方，表示国际收支出现盈余。这时为了达到国内经济与国际收支同时均衡，就有两条途径可以选择：第一，应该降低国内利率，使国内资本外流并阻止国际短期资本流入，LM 曲线向右移动均衡点变为 E_2。第二，在 BP 曲线斜率很陡峭的时候，利率的调整需要很大的空间才能达到这种效果。还有另外的一种方法，使 BP 曲线向左移动，也就是通过本币升值来调节国际收支，不过这至少需要本国经济满足马歇尔—勒纳条件。

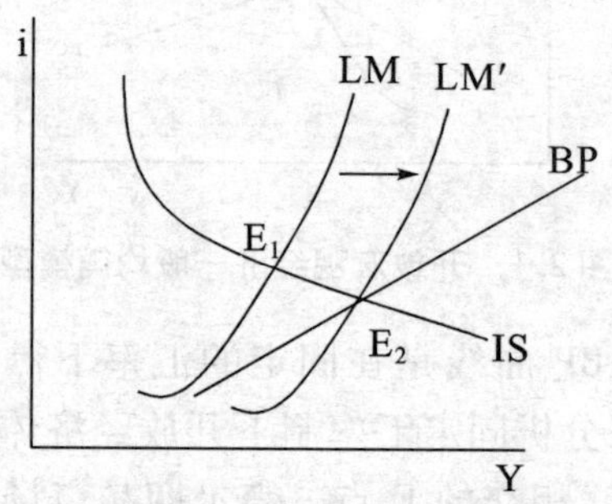

图 2.2　IS—LM—BP 模型的均衡调节

以上的分析试图仅仅通过本国国内政策的调节来达到内外均衡，其实是假定了其他国家的宏观经济政策和国际市场的各种外部条件不变。随着全球化的推进，各国经济之间的联系越来越紧密，各国之间经济政策的联动性越来越强，仅仅通过国内经济政策的调节就实现内外均衡的难度加大。除此之外，IS—LM—BP 模型本身也是有局限的，它假定的前提主要有三个方面不符合实际：（1）假定价格水平固定，没有引入通货膨胀因素；（2）假定了静态的预期，并将名义利率与实际利率等同；（3）假定不同的资产（货币、债券与实物资本）的存量是既定的。虽然后来的经济学者不断地改造扩展该模型的形式，但是这一模型的着眼点还是单个开放的经济体，无法将国际经济政策的联动性直接包括进来。

2.2.2 蒙代尔—弗莱明模型的均衡调节与国际资本流动

该模型所要讨论的是在浮动汇率制度下，有资本流动时的汇率决定与国际收支调节问题，其基本构架仍然是 IS—LM—BP 模型。该模型的假设条件有以下五个：

(1) 价格，至少工资是保持不变；

(2) 经常项目平衡取决于收入和相对价格；

(3) 汇率自由浮动，调整没有任何时滞；

(4) 在储备不变时，经常项目逆差等于资本的流入，或者相反；

(5) 预期是静态的。

从这五个假设出发，蒙代尔—弗莱明模型按照资本完全不流动、资本不完全流动以及资本完全流动的情况，分别对浮动汇率制下的财政政策与货币政策效应与国际收支调节过程作了比较静态分析，并得出一些非常重要的结论。

该模型指出，在资本完全不流动的情况下，货币政策在影响与改变一国的收入方面是有效的；在资本不完全流动情况下，整个调整结构和政策效应与资本完全不流动时基本一样；而在资本完全流动情况下，货币政策在固定汇率时在影响与改变一国的收入方面是完全无能为力的，但在浮动汇率下，则是有效的。扩张性的财政政策在资本完全流动的浮动汇率制下，对于一国收入方面的影响则无能为力。这些结论对于各开放经济体通过国内宏观经济政策来调节国际收支提出了参考思路。

关于短期国际资本流入问题，以利率平价理论（Interest Rate Parity）为基础的拓展模型（Mundell，1962，Fleming，1962）能够在一定条件下做出很好的解释：假定资本流动具有不完全性，套利资本供给具有有限性，国内外利率差会引起有限的资本流动；同时，假设套利者是风险厌恶者，需要获得一定的额外报酬才愿意持有风险资产，即流入国内的资本量是本币计价资产所提供的风险报酬的增函数，而资本流出量则是本币计价资产所提供的风险报酬的减函数；最后，假定面临重大的宏观经济政策变动时，市场预期汇率升（贬）值率给定，即汇率预期是静态的。在这些假设前提下，可用利率平价方程式（1）代替一般的无抛补利率平价方程式，即有：

$$rd = rf + \Delta Ee + \rho \quad (1)$$

其中，rd 表示国内利率，rf 表示国外利率，ΔEe 表示静态的汇率预期，ρ 表示流入国内的套利资本所要求的风险报酬。在实行资本管制的国家，政策风险是套利资本面临的主要风险，唯有在资本输入国资产所提供的风险报酬足以弥补套利资本流入可能承担的交易成本时，套利资本的流入才可能发生。本书在第五章将利用此模型分析短期国际资本流动。

2.3 国际政治经济学的相关理论

全球化是一个多方参与博弈的动态演化过程，这其中各个主权国家的处于维护国别利益的需要，必然会在经济互动中产生利益摩擦和冲突。另一方面，国际经济关系所必需的制度因素也需要从政治经济学的角度来分析问题。

国际政治经济学是一门交叉边缘学科，其定义、研究对象和研究范畴并没有一个国际统一的规范性解释，但有一点是共同的，即认为国际政治经济学是政治学、经济学和国际关系学的综合，是研究国际政治关系与国际经济关系之间相互作用的交叉性学科。对于国际政治经济学的发展历程和流派的划分有很多种方法，按照罗伯特·吉尔平的划分方法可以分为：民族主义、自由主义和马克思主义。本书并不对此进行详细的讨论，仅根据本书后续研究的需要，介绍主要流派关于全球化、国际经济关系协调以及国际资本流动的观点。

2.3.1 民族主义

民族主义也称为现实主义，强调在与其他国家的竞争中单一的民族国家的经济利益。民族主义最突出的代表人物是雅格布·瓦依纳、罗伯特·吉尔平和斯蒂芬·克拉斯纳。主要假设观点是：①

（1）世界经济是一种零和博弈，一国的获得必然以他国的失去为前提；

（2）良好的贸易平衡是国家安全的前提，硬通货是赢得国家地位和优势的一种政治武器；

（3）虽然承认非国家行为体在国际活动中可以起到很大的作用，但是强调基本研究单位应该是民族国家，国家是一个一元的社会体系，能够独立地确立国家的利益，并执行国家的对外策略；

（4）理性国家假说，认为国家能够理性选择最大限度实现国家目标的政策方案。

罗伯特·吉尔平将“霸权稳定论”应用到国际经济和国家安全领域。这一理论虽然不是专门讨论国际经济关系的，但是对于我们理解当前的国际货币体系和世界经济格局具有一定的启发意义。也有很多学者运用霸权稳定论来分析国际货币体系

① 严波. 论当代国际政治经济学流派［J］. 国外社会科学，2004（03）.

的形成与运行等问题。新“霸权稳定论”的主要观点是[1]：第一，霸权可以带来国际体系的稳定。“由一个霸权国主宰的霸权结构非常有益于强大的国际体系的发展，这个体系的运行规则比较明确，霸权国既能够也愿意建立和维持自由经济秩序的规章和条例，自由国际体系因此能够获得充分的发展”。第二，霸权可以带来公共权威（publicauthority)，为国际社会提供公共商品。第三，霸权必衰。第四，霸权衰弱并非不可挽救。尽管罗伯特·吉尔平已经洞察了霸权消减的原因，预示了霸权的合法性由于单边主义的存在而加速丧失的趋势，但他仍然认为霸权衰弱可以挽救。

经济民族主义的观点，对于民族国家如何在参与国际经济活动特别是全球化的过程中维护国家利益和国家安全，提供了一定的思路。可以看出，民族主义认为贸易失衡会威胁到国家的经济安全，而使本币成为国际市场上的硬通货对于主权国家是有利的。这些观点对于处于全球经济失衡核心地位的中国来说，具有启示意义。

2.3.2 自由主义

传统的自由主义强调个人利益和经济效益最大化，信奉自由贸易和自由市场，认为政府的作用是有限的。自由主义反对世界经济是零和博弈的假设，认为市场经济在全球范围内能够达到最优化的决定，实现多边的共赢。这里国家被低估了，市场被高估了。新自由主义接受了现实主义的一些合理内核，吸纳了国际建构主义学派的某些成果。比如基欧汉则非常强调国际机制的作用，认为可以通过一些共同的安排，建立起关于国家行为的关键预期，可以改变相对的交易成本，使各国谈判的

① 鲍宏礼．经济全球化时代的国际关系——论罗伯特·吉尔平的新“霸权稳定论”［J］．兰州学刊，2005（03）．

追加成本更加低廉。国际机制使协商后的合作成为可能，建立在霸权基础上的世界秩序因此得以稳定。

在经济全球化浪潮中，新自由主义被西方大国从经济思潮上升为了国家意识形态，从理论推向了实践。在此指导下，西方国家纷纷放松金融管制，实行浮动汇率，开放资本项目，并督促不发达国家消减贸易壁垒。

但是现实的全球化实践中出现的问题给新自由主义带来了挑战和批判："从本质上来讲，贸易自由化实际上是要南方国家单方面取消保护性机制而发达国家不这样做；"① 资本账户的自由化使外汇和金融衍生品市场炒作盛行，并给世界经济带来严重的负面影响；发达国家与发展中国家的贫富差距拉大等等。而这些新的复杂问题的出现和治理并不能借助于自由市场就能奏效，特别是进入 21 世纪以来世界各地频发的金融危机，都对新自由主义的理论政策提出了严峻挑战。

2.3.3 马克思经济学的全球化与国际资本流动理论

虽然由于历史的原因，马克思和恩格斯未留下系统的全球化论著，但是他们的经济思想已经涉及全球化以及在此过程中的国际分工和资本流动问题，并提供了宝贵的理论财富。《资本论》关于国际分工、对外贸易、世界市场、资本扩张等问题的精辟论述，无比深刻地指出了资本主义向全球发展的趋势。

最初，马克思把经济全球化寓于"世界历史"之中。马克思从全球的视野阐发了"世界历史"理论，指出世界历史形成的根本原因在于生产力的发展以及与之相应的交往的普遍发展；世界历史形成的直接原因在于国际贸易和世界市场的建立，不断扩大产品销路的需要驱使资本逐渐冲破了各个国家、民族原

① 卡斯特罗批判新自由主义与全球化［EB/OL］. 天涯网 http：//www. tianya. cn/publicforum/content/worldlook/1/49385. shtml

有的疆界。① 恩格斯在其著作《共产主义原理》中指出："单是大工业建立了世界市场这一点，就把全球人民，尤其是各文明国家的人民，彼此紧密地联系起来，致使每一国家的人民都受着另一个国家的事变的影响。"②

1848 年，马恩在其合著的《共产党宣言》中又指出："资产阶级，由于开拓了世界市场，使一切国家的生产和消费都成为世界性的了……资产阶级挖掉了工业脚下的民族基础。古老的民族工业被消灭了，并且每天都还在被消灭……新的工业的建立已经成为一切文明民族的生命攸关的问题，这些工业所加工的，已经不是本地的原料，而是来自极其遥远的地区的原料，他们的产品不仅供本国消费，而且同时共世界各地消费。过去那种地方的和民族的自给自足和闭关自守的状态，被各民族的各方面的互相往来和各方面的相互依赖所代替了。物质生产如此，精神的生产也是如此。"③ 而且，马克思已经充分认识到了作为经济全球化的推动主体：跨国公司的早期形式——卡特尔的性质与作用。

后来马克思又指出，"资本输出的目的有两种，一种是作为支付手段或购买手段的输出，另外一种是作为投资为目的的输出。"④ 很显然，广泛的国际贸易必然伴随着国际货币作为支付手段和购买手段的流动，具体来说，国际货币会从贸易逆差国输入到贸易顺差国。资本的本质是逐利的，不论哪一种目的的资本输出，其条件必须是存在投资的利差，或者是真实投资的

① 李江. 经济全球化：基于马克思"世界历史"理论的考量［J］. 理论探讨，2009（04）：95.

② 马克思，恩格斯. 马克思恩格斯全集：第 4 卷［M］. 北京：人民出版社，1972：368.

③ 马克思，恩格斯. 马克思恩格斯全集：第 1 卷［M］. 人民出版社，1995：267.

④ 马克思. 资本论：第 3 卷［M］. 北京：人民出版社，1975：653.

回报率或者是金融投资的利差。后发国家在进行经济赶超的过程中，一般伴随着劳动生产率的提高，其投资回报率也高于国际平均水平，那么必然就伴随着国际投资的大量输入。另外一方面，发达国家控制的金融投资资本在全球配置其投资组合，也给发展中国家带来了资本的输入。而现代的市场经济是以信用货币为依托的，资本的输入就带来了是货币流动性的输入。

根据马克思、恩格斯的全球化理论，全球化是在生产力、分工、交往发展的基础上形成的，是一个客观的、自然的、不以人的意志为转移的历史进程。马克思指出："各民族之间的相互联系取决于每一个民族的生产力、分工和内部交往的发展程度。这个原理是公认的。然而不仅一个民族的关系，而且这个民族本身的整个内部结构也取决于自己的生产以及内部和外部的交往的发展程度。"①

经济全球化发展到今天，马克思当年关于民族的、地域的历史转变为世界历史的科学论断已经成为活生生的现实。他们对全球化的描述和各种关键特征的分析，至今仍然具有强大的说服力。马克思、恩格斯不仅对全球化的现象和趋势进行了分析，更重要的是，他们指出了全球化的根本动力和客观必然性。这对于我们分析全球化过程中的具体经济问题提供了方法论的指导。

2.3.4 依附理论与世界体系论——西方马克思主义

依附理论与世界体系论也受到了马克思主义经济学的影响，有人称之为西方马克思主义。在20世纪60至70年代，依附理论得到了广泛的发展。阿明强调资本主义对于"外围"发展的一种制约与剥削性质，主张以一种激进的途径来摆脱发展中国

① 马克思恩格斯选集：第1卷［M］. 北京：人民出版社，1995：68.

家的依附地位，因此被称为激进主义依附论。巴西社会学家卡多索根据20世纪70年代以来东亚经济发展的成就，将发展与依附联系起来，指出发展和依附是同时发生和并存的一个过程，而不是相互对立、相互排斥的。他进一步提出要利用资本主义世界经济体系的联系为本国发展服务。显然这是东亚模式以及新兴工业化国家和地区发展实践经验在理论上的一种折射。

新依附理论也即正统的依附理论的代表主要是多斯桑托斯。他认为对当代不发达问题的研究，着重点应该放在生产领域，而不是流通领域。新依附理论认为附属国与统治国的关系不易改变，附属国由于受国际和国内依附结构的影响，会陷入更加不发达的境地。① 多斯桑托斯的观点其实是对20世纪70至80年代拉美国家经济发展的一种完整的反映。

20世纪70年代末以来，在依附理论的基础上又衍生出世界体系论。伊曼纽尔对“世界体系”的概念作了明确的理论阐释。他认为②：①世界体系是一个社会体系，有着不同的界限、结构体、群体、法律条例及相互依存性。这一机体包括相互矛盾的各种力量。它们有时通过张力在这一体系中凝成一体，有时却由于彼此竞争而四分五裂。②这个资本主义世界经济体系最重要的特征之一就是由该体系的横向分工和资本积累的运动形态所产生的一个不等价交换体系：核心地带、半边缘地带和边缘地带。③世界体系不是静止的。资本主义扩张或者停滞运动形态的结果，会使各国的位置发生改变。构成今日核心地带的国家有可能衰弱，而边缘地带的国家也很可能成为半边缘国家。

依附理论也经常被研究者用来分析现在的国际分工体系和

---

① 特奥托尼奥·多斯桑托斯. 帝国主义与依附［M］. 北京：社会科学文献出版社，1999.

② 伊曼纽尔·沃勒斯坦. 现代世界体系——16世纪的资本主义农业与欧洲世界经济体的起源［M］. 尤来寅，等，译. 北京：高等教育出版社，1998.

国际货币体系。比如何帆、张明（2005）①在分析牙买加体系时就认为这是一种“中心—外围”构架。在这一构架下，国际货币体系有三大特征：一是美国的经常项目持续逆差，资本项目持续顺差，以及美国外债不断积累；二是东亚地区的经常项目持续顺差和外汇储备的不断累积；三是欧洲国家的经常项目持续逆差、资本项目持续顺差，以及储备资产基本不变。

2.4 本书的主要理论基础——国际分工理论

本书的目的是分析在全球化的客观历史进程中，全球贸易和经济关系的演变和国际流动性的创造、循环特征，关注中国在参与全球化过程中的国际分工地位，以及由此导致的贸易结果和国际收支失衡；再结合当前的国际货币体系特征，研究全球流动性过剩的产生并输入中国的渠道。但是本书并不强调国家之间的利益分配问题，而更加注重经济方面的客观因素。因此，主要基于马克思的国际分工思想，以此为主要的理论立足点进行论述。当然在以后的章节中，本书仍然需要运用以上介绍的理论来分析各种具体问题。

国际分工是指世界上各国之间的劳动分工。它是社会分工发展到一定阶段的产物，是国民经济内部的分工超越国家界限广泛发展的结果。按照马克思主义经济学的基本观点和方法，当代经济全球化的发展从本质上讲是国际分工深化的结果。②在

① 何帆、张明．国际货币体系不稳定中的美元霸权因素［J］．财经问题研究，2005（7）：32－37.

② 袁奇．当代国际分工格局下中国产业发展战略研究［D］．西南财经大学博士论文，2006.

生产的国际关系中，马克思首先研究的是国际分工。因为："如果没有分工，不论这种分工是自然发生的或者是本身已经是历史的结果，也就没有交换。"这个原理不仅适合于一国国内，也适合于国与国之间。① 分工理论的渊源可以追溯到亚当·斯密。从亚当·斯密开始，经济学家们一直在探究国际分工的内在动力以及分工利益的分配问题，试图解释并指导现实的经济活动。从历史上来看，国家之间的经济往来首先表现为贸易，所以最初的国际分工理论主要研究的是国家之间发生专业分工生产和贸易的原因，以及这种贸易的结果；但是随着经济全球化的深入发展，国与国之间的经济联系已经渗透到生产、贸易、投资等各个环节，绝不仅仅局限于国际贸易活动。因此，本节对国际分工问题进行理论上的梳理和评价，当然其中包括了国际贸易理论中内含的分工思想。

2.4.1 国际分工理论发展的三个阶段

对于以贸易为主要形式的国际分工理论的发展阶段，经济学家们有不同的划分方法。最常见的是按照经济学发展的历程，将亚当·斯密的绝对优势说、李嘉图的比较优势说称为古典贸易理论。新古典贸易理论包括了赫克谢尔—俄林的要素禀赋论，以及要素禀赋论的各种扩展，要素价格均等化、产品生命周期理论等。第三个阶段的理论关注了规模经济和不完全竞争等问题，以此为前提的各种理论被称为新贸易理论。

2.4.1.1 古典国际分工理论——技术差异论

古典国际分工理论的核心内容是强调生产率和生产成本的差异，是国家之间产生分工和贸易的根本原因。各种理论流派的共同假设前提是：①完全竞争；②增加某种商品生产的机会

① 马克思，恩格斯. 马克思恩格斯全集：第46卷［M］. 北京：人民出版社，1979：46.

成本不变，即生产可能性边界是一条直线；③一国的生产资料在本国范围内得到充分利用；④生产要素在国家之间不能自由流动。古典国际分工理论主要包括：

(1) 绝对优势理论。亚当·斯密的绝对优势说认为，劳动生产率的绝对差异导致各国之间生产优势的不同，因此各国应专门生产本国劳动生产率较高的产品，这样的分工和贸易能使参与双方都获得利益。斯密还提出了“分工受到市场范围的限制”的观点，为全球分工和贸易提供了最初的理论依据。[①] 绝对优势理论的提出，为打破重商主义的贸易保护思想作出了贡献，成为自由贸易理政策的理论基石。但是，绝对优势说的缺陷也很快暴露出来：按照这种逻辑，那些在任何商品生产中都不具有绝对优势的国家，仿佛就不能参加国际分工和贸易，而这与实践是不相符的。

(2) 比较优势理论。李嘉图扩展了亚当·斯密的理论，提出了比较优势理论。根据“两优择其重，两劣择其轻”的原则，每个国家集中力量生产那些利益相对大或不利相对小的产品，然后与其他国家进行交换，这样形成的国际分工对各国都是有利的。比较优势理论的提出，大大提高了理论对现实的解释和指导地位，一度成为自由贸易理论和各国参与国际分工的主要依据。直到今天，比较优势理论仍然是发达国家推动全球贸易自由化，促使更多的发展中国家融入全球分工的理论依据。

(3) 马克思的国际分工理论基础是国际价值理论，是马克思劳动二重性学说在国际范围内的应用。国际价值就是生产某种商品所消耗的世界劳动或国际社会的人类抽象劳动的凝结。马克思认为，“国家不同，劳动的中等强度也就不同；有的国家高些，有的国家低些。于是各国的平均数形成一个阶梯，它的计量

① 亚当·斯密. 国民财富的性质和原因的研究 [M]. 唐日松，等，译. 北京：商务印书馆，1972.

单位是世界劳动的平均单位。因此，强度较大的国民劳动比强度较小的国民劳动，会在同一时间内生产出更多的价值，而这又表现为更多的货币。”① 马克思在这里明确指出，商品的国际价值是由“世界劳动的平均单位”来决定的。他这里所提到的“劳动强度”并不是指劳动的紧张程度，而是指劳动生产率水平。国际贸易中比较富有的国家总是在剥削比较贫穷的国家，“两个国家可以根据利润规律进行交换，两国都获利，但一国总是吃亏……一国可以不断攫取另一国的一部分剩余劳动而在交换中不付任何代价。”②

2.4.1.2 新古典国际分工理论

瑞典经济学家赫克歇尔和俄林把比较成本理论发展成为要素禀赋论（简称 H—O 模型）。由于各种生产要素是不能完全替代的，所以生产不同的商品时必须使用不同的要素，因此不同商品生产中使用的要素比例是不同的。他们认为，各国在密集地使用本国数量多、价格便宜的要素的产品生产上，具有比较优势，如果按照要素的丰裕程度来进行分工，就能使生产要素得到更有效的利用。要素禀赋论为各国之间的产业分工提供了理论依据。但是里昂剔夫之迷的提出却是传统的要素禀赋论所无法解释的。因此，很多经济学者发展了要素禀赋论。

林德（1966）的“代表性相似需求”理论认为：每个国家都存在一个代表性的需求水平，它表明一国的平均收入水平或者大多数人的收入水平。由于需求相近以及多样化，工业制成品贸易在发展水平相近的国家之间更容易产生。

弗农（1966）试图把比较优势动态化，他提出了“产品生

---

① 马克思、恩格斯．马克思恩格斯全集：第 23 卷［M］．北京：人民出版社，1972：614.

② 马克思、恩格斯．马克思恩格斯全集：第 46 卷（下）［M］．北京：人民出版社 1980：401.

命周期理论”。在产品的创新和成长阶段，拥有丰富的研究和开发要素的国家或厂商，可以在一段时间里占有优势并大量生产出口。但是新产品进入标准化阶段以后，工资代替技术成为决定成本的主要因素，比较优势从创新国转移到了模仿国，此时模仿国会进行这种产品的大量生产。最后到产品的衰退阶段，模仿国生产规模扩大，原来的创新国就成为进口国。

一个国家的要素禀赋也会发生变化，斯蒂格利茨提出了获得性禀赋理论，认为在分工和经济发展过程中，一个国家还可以不断地获得新的生产要素，从而改变原来的要素禀赋状况。比如，通过有效和广泛的教育可以把丰富的非熟练劳动要素改变成人力资本要素，使原来劳动密集型产品的比较优势转化成人力资本和技术密集型产品的比较优势。

新古典国际分工理论前提假设的最大改变是：边际成本递增，即生产可能性边界不是一条直线，而是外凸的。因此当一国具有比较优势的产品生产增加时，由于边际成本递增，不可能达到完全的专业化。

2.4.1.3 新贸易理论中的分工思想和新兴古典分工理论

琼·罗宾逊和克鲁格曼在不完全竞争和规模经济的假设前提下，认为企业追求规模经济和差异产品是国际分工和贸易产生的动力。也就是说，即使要素禀赋相同的国家，也能够开展产业内贸易获得利益。但是克鲁格曼认为各国分工模式的确定取决于各种不确定因素，比如政府的产业政策、各种历史或者偶然的因素等。由于这些不确定事件引起的产业先期建立和市场先期进入，可以使厂商赢得比较优势，因此可以实施政府干预而改变改变分工模式。

以杨小凯、黄有光为代表的经济学家发展了古典经济学的分工思想，用“既是消费者又是生产者的个人”代替“纯消费者和纯生产者”。将国内分工与国际分工统一起来，允许比较优势在模型中内生。该理论认为：个人之间生产各种物品的生产率差异（外在优势），远不如由于分工和专业化而产生的生产率差异（内在优势）来的重要。新兴古典理论借用了斯密的“分工受到市场范围的限制”的观点，结合交易成本理论，重新解释了绝对成本、比较优势等核心概念，在一定程度上综合出统一的国内和国际分工理论。但是，该理论在实践中的应用方面仍有待突破。主要是因为其前提假设过于严格，并没有给各国追求国别利益指出可以借鉴的政策路径。

2.4.2 国际分工理论发展的逻辑和趋势[①]

2.4.2.1 国际分工理论发展的逻辑

国际分工理论虽然纷繁复杂，但是其产生和发展都有特定的理论和实际背景，一方面借助于经济学理论和研究方法的不断创新，为研究国际分工问题提供了新的方法和视角；另一方面，国际分工理论的发展更是为了解释现实并为各经济体参与国际分工提供政策上的理论支持。其发展的内在逻辑可以概括如下：

（1）从生产者（供给）的角度到兼顾市场需求的限制，来分析分工方式的原因。比较优势理论从生产成本的角度出发，可以解释产业间垂直分工的动因。而第二次世界大战以后国际水平贸易迅速发展对此提出了挑战，因为比较优势无法解释的现实是：要素禀赋相似的发达国家之间，进行了大规模的产业内水平分工和贸易。因此，后来的学者开始考虑到市场需求的因素，来解释水平分工的产生。

（2）假设前提逐渐改变，以求更加符合实际。主要体现在：①生产要素的范围不断扩大。斯密和李嘉图只考虑了劳动生产

① 此部分内容是本人前期研究成果的延续，部分观点发表在拙文《国际贸易理论发展的内在逻辑及方向》，《当代财经》2005（3）.

率的差异，因此只强调了劳动要素的作用。H—O 的要素禀赋论最初也只将劳动和资本两种要素纳入分析模型。后来的经济学家则逐渐把人力资本、信息、研究与开发、制度等要素也纳入到国际分工理论中。②从机会成本不变到机会成本递增。如果机会成本不变，一个国家就应该不断地增加具有比较优势的商品的生产，这样就会实现完全的专业化。但是现实世界中并没有出现完全专业化的现象，新古典分工理论将机会成本递增的假设引入分析，使之更符合实际。③从古典分工理论的完全竞争，不存在规模经济（机会成本递减）到新贸易理论的不完全竞争，存在规模经济的假设。完全竞争条件下必然采用的是小国模型，即任何一个国家的出口需求是无限的，但这与现实有冲突。

（3）从国家层面的分工到企业层面的分工。随着跨国公司的发展及其在全球市场上的地位增强，国际分工理论也从最初仅仅以国家为分析主体，发展到逐渐重视企业的主体作用。因此在国际分工理论研究中，已经形成了两个体系：一是研究由市场机制予以组织和协调的国家分工理论，另一个是研究由企业予以组织和协调的企业内部分工理论。这两种理论都是现实国际分工的反映，并最终结合成为当今的国际价值链分工的研究视角。

2.4.2.2 国际分工理论发展的趋势

理论研究的发展趋势应该是与现实相对应的，国际分工理论发展的趋势可以概括为以下两点：

（1）国际贸易与国际直接投资理论的融合——国际分工生产。国际贸易与国际投资同步增长，已经成为世界经济发展的双引擎。二者在国别和区域结构上也表现出明显的一致性：发达国家贸易量占世界贸易总量的65%以上，以此相适应，发达国家吸收了世界60%～80%的国际直接投资。对于国际贸易与国际直接投资理论的融合问题，学者们通常以比较优势为出发点，认为进行贸易还是到东道国建立生产基地，是一个企业面临的两种选择。邓宁（J. H. Dunning，1973）提出的国际生产折中理论影响比较大。该理论用一个简单的公式表示：

所有权优势+区位优势+内部化优势=对外直接投资

如果三种优势都具备，国际直接投资是最佳选择；如果具有所有权优势和内部化优势，可以进行国际贸易；如果仅仅具有所有权优势，那么许可证贸易是最佳选择。

毋庸置疑，在经济全球化的背景下，企业会运用全球的资源，将价值链的各个部分安置在最佳的区位。因此，贸易与投资已经不是谁替代谁的问题，而是国际分工生产的两种表现形式，国际贸易和国际直接投资理论也必然会统一在一个框架中。

（2）国际分工理论中，企业的地位将更加被关注。跨国公司企业内部的分工也可能跨越了国界，从而产生了国家分工和企业内部分工重合的现象。因此在研究国际分工问题时，企业的主体作用会越来越受到重视。当经济全球化发展到一定的程度后，生产、交换活动更广泛地在世界市场上进行，而单纯以国家为主体来分析问题，会出现偏差，需要从企业的角度来补充。比如，一国的国家竞争力与企业竞争力可能出现分离，这种倾向在发达国家比较明显：1994 年，日本基于国境的贸易收支为 1176 亿美元的赤字，而基于企业的贸易收支为 5146 亿美元的黑字。这说明国际分工已经不仅仅是国家之间基于要素禀赋差异而产生的活动，更是跨国公司在全球生产的行为。

2.4.3　确定一个国家在国际分工体系中地位的两个维度

传统的观点认为各国的比较优势最终会反映在其产业层面上，所以国际贸易的规模和行业结构成为判断一国国际分工地位的经典指标。同时，国际资本流动的规模和国际投资结构也是全球化背景下另一个重要指标。但是，仅仅以这两个指标为依据还不能准确全面地确定一国的国际分工地位。

笔者认为，可以从垂直比较优势和水平比较优势[①]两个维度来分析。

2.4.3.1 从垂直的比较优势来看，国际分工体系是阶梯式的

为了简化分析，我们可以按照产业结构从低到高的梯度作一个大致的划分，如下图 2.3：

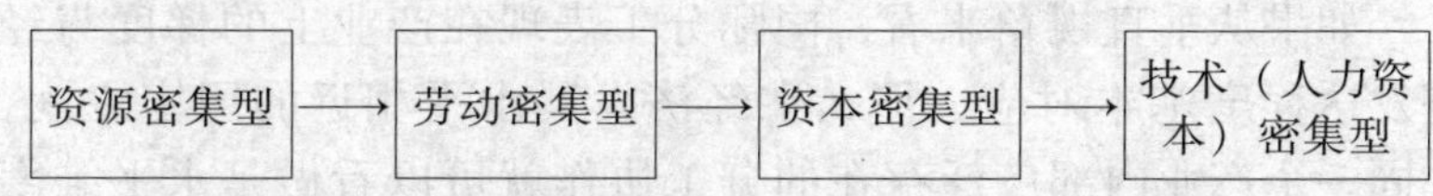

图 2.3 反映在产业结构上的垂直比较优势分工阶梯

处于国际分工最低层次的所谓“外围国”，大多是生产力落后，依靠自然资源而参与国际分工的国家。他们出口商品结构单一，以初级资源型产品为主。而那些劳动力资源丰富的国家，则有可能在劳动密集型产业（比如纺织业）和简单加工组装生产环节具有比较优势，因此其参与国际分工的方式可能是出口一般消费品为主，出口产品中的自有技术水平不高。这些国家大概属于“半外围”国。而以资本密集型产业为优势的国家最可能是处于工业化的后半期，比如重化工业和汽车制造业。发达资本主义国家比如日本和西欧国家可以认为处于这一阶梯，大致属于半外围并有可能上升为核心国的地位。而技术密集型产业为主要优势的国家必然拥有领先的创新能力，能够吸引世界各地的创新型人才。这类国家可能会在历史上大的技术革命之中扮演领头羊的角色。他们参与国际分工的方式一般是出口高新技术产品和服务。美国在第二次世界大战以后的计算机信

① 这里的垂直比较优势是指产业之间的差异，水平比较优势主要是指产业内水平分工的各个生产环节上的差异。

息技术革命中，正是发挥了创新发动机的作用，是公认的世界经济核心国。

然而这种以产业结构为标准的划分，是有局限性的。因为在当今全球生产主要由跨国公司来配置的背景下，一国的比较优势其实并不一定完整地体现在某一产业中，也许只是体现在某一类生产环节上。对于这种新的现象，后面将详细分析，但这并不影响我对国际分工阶梯的分析思路。

2.4.3.2　水平维度的国际分工地位的确定

如果从垂直视角来看，国际分工表现在产业上的梯度与经济发达程度基本对应，那么在经济发展水平相近的国家之间，在同一个产业内部广泛存在的分工协作就可以看做是水平维度的。特别是第二次世界大战以后跨国公司的发展和 FDI 的迅速增长，生产的专业化程度不断提高，国际分工的水平化趋向日益明显。不仅存在同一产业内不同商品种类的水平分工，而且产生了同一商品不同生产环节之间的分工，跨国公司也许把生产程序中需要较多劳动的环节放在工资水平低的国家进行，而将研发和营销放在技术和人力资本丰富的国家。这样来说，即使处于不同分工阶梯的国家之间也存在着水平的分工。

多数现实当中的国家总是同时参与垂直和水平的分工，差别只在于参与的范围和深度不同。总的来说，落后国家在国际分工体系中主要特征是处于垂直分工的低阶梯，参与水平分工的广度和深度均不深。综合垂直和水平两个维度来分析，所谓的中心国家就是指在垂直分工中处于高阶梯，同时广泛、深入参与水平分工，在国际贸易中处于主导地位。实际上，从 19 世纪末以来，发达资本主义国家在国际经济和贸易中一直居于支配地位，它们在世界出口总额中所占的比重一直占到 65% 以上。因此马克思主义者所说的经济全球化是资本主义国家为主导的这一观点，在一定程度上被现实所证实。

3 全球流动性的创造和分配机理

沿着第二章中的分析思路，国际分工的演变形成了不同历史阶段的不同世界经济格局。而分工的直接结果就是贸易，与国内贸易不同的是，国际贸易要涉及不同主权国家货币的兑换以及国际本位货币的提供问题。在全球经济一体化特征日益明显的同时，区域货币欧元已经诞生，但是货币领域的情况还要复杂得多。一个不争的事实是，各国的货币政策已经不仅仅是本国的内部问题，还要受到来自外部的冲击和影响。本章的任务主要是分析在当今国际分工格局和国际货币体系的背景下，从宏观和全球的视角来看，国际货币（美元）的供给、分配和流动机理。

本章第一节先分析当今国际分工的整体格局，重点分析美国、欧洲、日本和东亚地区在国际分工体系中的大致位置和特点，以及由此形成的国际经济失衡，可以看作是实体经济背景。第二节分析当今国际货币体系的特点及运行机制，作为研究全球流动性问题的货币制度背景。第三节重点分析当今国际货币的创造、分配和流动机理。第四节则针对当前的金融危机，运用本书的分析视角和方法，讨论了美国产业结构虚拟化、经济周期的运行模式以及全球化过程中美国的经济地位，回答了为什么本次金融危机会发端在美国并对世界经济的影响如此之大。

3.1 全球流动性创造的实体经济基础——当前的国际分工格局

国际分工的格局是一个非常复杂的体系，而且处于不断的变化之中，很难对某个经济体在国际分工中的位置进行精确的定位。以第二章中设计的垂直与水平两个维度的方式，大体认识某个经济体或者区域经济集团在国际分工中扮演的角色。

3.1.1 当前国际分工的新特点

3.1.1.1 垂直专业化[①]

它使国际分工深入到了产品的生产阶段内部，某个国家的企业只在商品生产的特定阶段进行专业化生产。以耐克运动鞋生产为例：其研发与产品设计主要集中在美国，鞋品元件的制造在中国台湾和韩国，鞋品的组合则在中国台湾、中国内地、泰国、马来西亚和菲律宾等国家（地区）；最后的产品配送和营销，主要以北美和西欧为主。这种模式是一家跨国公司通过全球化的战略安排，把生产链的主要环节分别设置在各个不同的国家和地区，在跨国公司总部的遥控下，由分布在不同国家的下属分公司完成整个生产流程的特定阶段。20 世纪 90 年代以来，国际分工中的垂直专业化趋势更加的突出。Humme，lsIshii 和 Yi（2001）[②] 运用投入产出表统计了经济合作发展组织（OECD）国家和一些新兴市场国家的国际垂直专业化水平，经测算得出，在过去的 25 年内，国际垂直专业化生产增长了 40%，占世界产品出口的 30%。

3.1.1.2 以跨国公司为主导的产品内分工取代了以国家为主体的产业间分工

20 世纪 50 年代之后，国际分工主要表现为以跨国公司为载体的企业内分工，即由跨国公司为主导的全球生产网络的产品内分工。跨国公司在世界经济中的主体地位大大加强，逐渐成为国际分工和贸易的主角。2006 年全球 7.8 万家跨国公司和其 78 万家海外子公司的增加值和出口，分别占全球 GDP 总值的

---

① 当中间产品被用于生产商品而出口时，就出现了垂直专业化。

② HUMMELS D，JUNISHII，KEI—MUYI. TheNatureandGrowthofVertical-SpecializationinWorldTrade［J］. Journal of InternationalEconomics，2001（54）.

10%和出口额的1/3。目前，跨国公司已控制了全世界生产的40%，国际投资额的90%，国际技术贸易的60%，国际技术转让的80%，科研开发的90%是在跨国公司之间进行的。[①] 如果说第二次世界大战以前，国际分工中占主导地位的是各国不同产业之间的分工。那么在第二次世界大战后，随着科学技术的进步和社会分工的发展，部门内部的分工逐渐跨越国界，由此产生了不同国家之间工业部门内部的分工。在同一产业内部的国际分工出现了产品专业化、零部件专业化和工艺流程的专业化。

3.1.1.3 离岸外包成为当今国际分工中产业转移的主要形式

企业通过将同一产品生产活动的某一工序或零部件分包给其他企业，使接包企业迅速在中间产品生产和服务环节扩大生产规模，形成若干有竞争力的新产业。越来越多的跨国公司把非核心的生产、营销、物流、研发等活动，分包给成本更低的发展中国家的企业或专业化公司去完成，这样不仅减少了固定投入成本，而且更加强化了企业的核心竞争力。跨国公司控制了产品价值链的高附加值环节，而把其他低增值部分的生产加工外包给较不发达国家的供应商。这样一来，全球企业之间的分工协作与各国的比较优势相结合，形成了错综复杂的立体的网络化分工结构。一国比较优势不仅体现在某些完整的产业之上，而是更多体现在价值链的某个环节之上。越来越多的发展中国家也加入了国际分工网络。中国、印度、菲律宾、墨西哥、巴西等国已经逐步成为区域性或全球性服务外包中心，2003年印度就已经成为世界计算机和信息服务出口第二的国家。从世界范围来看，发展中国家的服务贸易出口竞争力正在增强。

① 宋群．“十一五”时期统筹我国产业结构升级与国际产业转移的建议［J］．经济研究参考，2005（52）：15．

2000—2005年，亚洲、非洲、中南美洲服务贸易出口增速均高于进口增速，而欧洲、北美洲的出口增幅则低于或等于进口增幅。在全球外包支出中，美国占了约2/3，欧盟和日本占近1/3。发展中国家是主要的服务外包业务承接地，其中亚洲是承接外包业务最多的地区，约占全球外包业务的45%。目前，印度是亚洲的外包中心，墨西哥是北美的外包中心，东欧和爱尔兰是欧洲的外包中心，中国、菲律宾、俄罗斯等国家也正在成为承接外包较多的国家。

3.1.2 当今世界主要国家在国际分工体系中的地位及其国际收支特点

国际分工体系经过不断发展变化，到20世纪80年代逐步形成了这样一种分工格局：发达国家主要生产高科技产品、中高档资本密集型产品和某些档次较高的劳动密集型产品；新兴工业化国家和地区则除了继续发展一些资本密集型产业外，也逐步开始生产一些技术密集型产品；而大部分发展中国家主要发展劳动密集型产品和某些资本密集型产品以及初级产品，大体上形成了“三重结构”的国际分工格局。[①] 另外，欧美日等发达国家的服务业占比超过70%，特别是美国与欧洲的金融市场发达，因此成为国际金融投资的中心和金融创新的领先者。

3.1.2.1 美国的分工地位及国际收支特点

(1) 美国的比较优势和产业特征。美国走在了信息技术革命的前沿，成为信息产品的发明与生产大国。进入20世纪以来，美国的第三产业占GDP的比重一直高于70%并呈现不断上升趋势（见表3.1）。信息技术产品和服务以及金融服务成为美国在世界市场上具有比较优势的领域。从技术贸易方面来看，

① 袁奇．当代国际分工格局下中国产业发展战略研究［D］．西南财经大学博士论文，2006：29.

美国 1998 年的出口额就达到 362 亿美元，成为最大的出口国，处于第二位的英国只有 161 亿美元，不到美国的 1/2。[①] 服务贸易方面美国也是最大的出口国和进口国，2006 年美国服务贸易出口额 3870 亿美元，进口 3070 亿美元，服务贸易顺差 80 亿美元。美国拥有全球最多实力最强的跨国公司，尽管发生了金融危机，美国《财富》杂志 2009 年评选出的世界 500 强大公司中，排名前 10 位的仍然有 4 家美国企业。可见当今的跨国公司由于在全球领域配置其资源并面向全球市场，并不必然受到总部所属国经济波动的太大冲击。

表 3.1　　　　美国的 GDP 与产业结构变动

年份	1985	1990	1995	2000	2005
GDP(百万美元)	4 187 500.05	5 757 200.24	7 342 300.07	9 764 800.04	12 455 070
第一产业比重(%)	2.41	2.06	1.61	1.23	1.2
第二产业比重(%)	30.86	27.85	26.29	24.15	22.3
第三产业比重(%)	66.72	70.09	72.1	74.61	76.5

数据来源：中经专网、中国统计年鉴。

可以说美国仍然处于国际分工金字塔的最高层，同时又是全球贸易第一大国，其庞大的需求和超前的消费模式成为世界经济的核心。但是，进入 21 世纪以来，随着信息技术产业进入成熟期的产业国际转移，美国经济增长乏力，产业的过度虚拟化终于带来了席卷全球的金融危机和经济衰退。美国占世界制造业市场的份额在 1987—2000 年间基本保持在 11%~12%，而 2000—2005 年惊人地从 12.1% 下降到 9%，达到战后的最低水平，与此同时中国市场份额相应地增加了 3 个百分点。美国制

① 汪斌．全球化浪潮中当代产业结构的国际化研究——以国际区域为新切入点［M］．北京：中国社会科学出版社，2004：159

造业无疑陷入了空前的困境之中。[1] 对于此问题笔者将在本章进行分析。

（2）美国的国际收支失衡。进入 20 世纪 90 年代，特别是 2002 年以来，美国的经常项目逆差急剧增加。美国 2006 年的经常项目逆差达到了 8570 亿美元，2007 年和 2008 年分别为：7312.09 亿美元和 7060.66 亿美元。就 2006 年美国对外经常账户赤字结构表来看，美国基本上对主要国家都存在贸易赤字，贸易顺差国主要是新兴经济体以及石油输出国。世界经济贸易存在严重的失衡。这其中的原因之一就是：美国是一个消费旺盛的经济体，但是其产业结构却是以服务业为主，制造业逐渐衰退，因此美国必须从世界各国进口消费品，从而形成贸易逆差。另一种解释是因为美元的国际货币地位，世界各国对美元的储备需求造成了美国经常项目逆差，以此来提供美元。蒙代尔还进一步指出，不仅世界其他国家对美元储备有着持续的需求，而且对美元的盈利性资产同样有着强大的需求。无论是对于美元储备或美元资产的需求都会影响美国的国际收支。他认为：美国的经常项目逆差 = 世界储备的增长 + 世界其他地区对美元的盈利性资产需求。此外，美国拥有发达的金融市场和金融创新人才，再加上美元的国际结算和储备货币地位，使其可以以低廉的成本从其他国家融资，从而维持其巨大的经常项目逆差。2006 年，外国对美国资产的净购买达到 1142 亿美元，扣除美国对外国证券的净购买 2490 亿美元，美国证券市场所吸收的资金净流入为 8930 亿美元，比美国当年的经常账户赤字 8570 亿美元还要高。

从 1992 年到 2002 年，美国货币增发进入“快车道”，达到了 12%。从 2002 年开始，由于反恐战争和刺激濒临衰退的经济

① ［美］罗伯特·布伦纳. 高盛的利益就是美国的利益——当前金融危机的根源［J］. 政治经济学评论，2010（2）.

的需要，美国货币增发速度达到了惊人的15%。[①]美国的高额贸易赤字导致的后果就是他国持有的美元外汇储备持续增加。在2002年至2006年4年间，世界外汇储备增加了2倍。而外汇储备的增加使世界范围内的美元流动性过剩成为可能。

3.1.2.2 欧洲的国际分工地位及欧元的国际货币角色

自从1999年欧元运行以来，欧盟作为一个区域经济体，其整体实力以及在国际经济中的地位日益增强。但是欧盟内部各成员国的经济结构仍然存在很大的差别。此外，英镑没有加入欧元区，英国经济和货币政策的相对独立性也比较明显。因此，本节将重点介绍欧洲经济大国英国和德国的分工特点。总的来说，欧洲仍然拥有先进的科技和管理制度，可以说在国际分工体系中，英国和德国应该处于金字塔的第二层。

（1）英国是现代金融业的发源地，其金融业已经有着300多年的发展历史。伦敦是和纽约并列的国际金融中心，而且在跨境贷款业务、外国产权交易业务和外汇交易业务方面，伦敦在国际金融市场中的份额和地位远远超过纽约。不像纽约和东京市场主要从事与美元和日元相关的交易，伦敦市场主要交易的是离岸货币和以离岸货币计价的金融产品，可以说它是真正意义上的“国际金融中心”。

在当今的国际分工中，金融业仍然是英国具有明显比较优势的产业。英国的金融服务贸易在近20年来一直是呈现顺差的状态，而且规模越来越大，金融服务贸易顺差在英国服务贸易总顺差中占90%以上。而且，经过金融服务贸易顺差冲销后，英国的贸易逆差可以缩小三分之一以上，如果把金融业称作英

① 王少瑄．从美国经常账户赤字分析金融危机的起因［J］．浙江金融，2009（10）：17－18.

国贸易账户失衡的缓冲器，应该不为过。① 英国金融业的特点可以概括为：①金融机构的国际化程度高，海外资产的比重大；②美国和欧洲是英国金融机构海外扩张的主要目标市场；③英国金融机构的国内业务中对零售银行业务普遍重视；④贷款是银行的主要业务。据英国银行家协会的计算，1980 年代初期，金融业产出的 GDP 占英国 GDP 总值的5.6%，到2006 年，这一比例达到了 6.8%。1997—2004 年期间，金融业增长速度是5.2%，教育产业增速为4.9%，酒店业增速4.8%，制造业的增速仅为1.6%。可见英国经济呈现出后工业化的特征，金融业是英国增长最快的产业部门，其增速是经济增速的 2 倍多，金融和房地产成为拉动英国经济增长的主要动力。

英国的出口主要去向是欧洲地区，占其出口总量的60.9%，英国对美国的出口占比为13.9%，经常项目基本为逆差状态，2007 年经常项目逆差为1192 亿美元，资本和金融项目维持了顺差，2008 年资本账户顺差63.35 亿美元，金融账户顺差277.37亿美元。英镑至今仍然是一种国际货币，在官方外汇储备的币种中，英镑资产占4%左右。因此，英国的经常项目逆差也向世界输出一部分流动性。另外，英国作为世界金融中心，为全球提供了大量的金融投资品，欧洲美元市场已经成为容纳美元流动性的重要场所，同时也通过金融创新的杠杆效应放大了美元流动性的泛滥。

（2）德国在第二次世界大战以后经济迅速增长，一度成为世界制造业中心。但是与日本的消费品制造业不同的是，德国在当今的国际分工中主要从事资本品的生产，在高技术产品制造领域一直保持着领先的优势。在进入 21 世纪以来，美国成为信息产品的发明与生产大国，而以德国为首的欧洲国家，部分

① 王晓雷. 金融业对英国经济增长和贸易收支的贡献［J］. 国际商务—对外经济贸易大学学报，2007（5）.

参与了国际信息产品的分工，但是它们中的大部分仍然在生产汽车经济时代的制成品。带动德国经济增长的高技术产业领域主要有：生化工业、信息通讯业、航空航天工业等。生化工业与机械制造、汽车工业、电子工业一样，是德国经济的支柱产业。依靠最先进的技术和大量的研究费用投入，德国生化工业处于世界领先地位，欧洲前三大化工企业（不含纯医药企业）都在德国。机械制造业是德国传统优势产业之一，产品出口额及国际市场份额均居全球首位，在其国民经济中的地位举足轻重。与汽车制造业和生化工业不同，德国的机械制造业的主力是中小型企业，它们平均拥有150名员工、年均营业额在2600万欧元左右。2006年，该行业实现销售额1670亿欧元，略低于汽车制造业。但是，其6000家企业聘用员工的总数达87.3万，就公司数量和就业人数（均不包括供应商）而言，要远高于汽车制造业。

德国之所以能够在国际分工的这个层次上长期占据垄断的地位，主要取决于以下几个因素：①生产优质制成品所必需的合作文化；②得益于雄厚的研发投入形成的创新实力；③制度层面重视将高新技术转化为生产力，高校与企业之间的合作取得了成功的经验。因此，尽管德国在第二次世界大战以后的一段时间里所创造的经济奇迹已经结束，但仍然保持着一定的经济增长速度，这既与德国始终保持着资本品生产技术的垄断有关，也与资本品相对于最终消费品具有较长的生命周期有关。[①]德国的实体经济基础非常强大，也有助于它在世界经济周期衰退和危机中具备较强的抗跌能力。

德国的出口去向主要是欧洲地区，占其出口总额的68.2%，对美国的出口占比只有8.6%。德国由于其制造业发达，经常项

① 袁奇．当代国际分工格局下中国产业发展战略研究［D］．西南财经大学博士论文，2006：29.

目总体为顺差，而资本和金融账户为逆差，这一点与东亚出口导向型经济体类似。2007 年德国的经常项目顺差为 2555 亿美元，其中货物贸易顺差为 2787 亿美元，服务贸易则为逆差 232 亿美元。

（3）欧元成为仅次于美元的国际货币。欧元作为一种区域货币诞生以来，逐渐成为重要的国际货币。2008 年世界官方外汇储备的币种中欧元资产占到了 26.4%，同期美元资产占 64.2%。国际金融话语权的争夺焦点之一就是“标价权”，因为只有拥有了资产或者商品的标价权，才能够主导世界市场的价格，并且创造出对这种货币的国际需求。欧元产生已经在国际债券市场的计价权上超过了美元，欧元成为国际债券市场的主导货币；在新兴的碳交易市场上，欧元也领先占有了更多的标价权；此外，一些石油国家也曾经考虑用欧元计价石油代替美元计价。因此，欧元区尤其是德国、法国等主要国家的经济政策和货币政策，也会直接影响世界货币的供给。

3.1.2.3 日本的国际分工地位与日元流动性泛滥

日本在当今的国际分工中主要从事资本要素密集、技术含量与附加值均比较高的最终消费品的生产，可以认为日本处于国际分工金字塔的第三层。

在第二次世界大战结束以后的几十年里，日本依靠其合作的文化、有序的产业组织结构和高效率的企业管理，再加上积极的出口导向的贸易政策和技术引进政策，很快成为继美国之后的新一代世界制造中心。20 世纪 50 年代，日本以纺织业为主的劳动密集型轻工业迅速发展，之后成功实现产业结构升级，在汽车、家用电器和照相机等最终消费品生产领域中崛起，创造了历史上罕见的日本奇迹。20 世纪 50 至 60 年代，纺织品的出口在日本出口总额中占较大比重，而 1970 年开始，汽车进入前五大出口产品，并在 1980 年代成为日本出口量第一的产品。

日本的产业结构不断升级为亚洲其他国家提供了产业转移资源，从而在东亚地区形成了以日本为领头雁的“雁型分工模式”。

然而，最终消费品生产是很容易受到产品生命周期影响的，日本和其他东亚国家类似，属于生产型经济而非消费型经济，因此与其强大的生产能力对应的市场却主要依赖美国。另一方面，虽然日本在亚洲生产体系中处于中心地位，但是亚洲生产体系所对应的却是美元本位的国际货币体系。在日本经济实力迅速壮大以后，日元的国际化步伐并没有跟上。亚洲国家和日本以及日本同美国所发生的贸易，绝大部分采用美元结算。20世纪70至80年代，日本对美国的贸易顺差急剧扩大，日本积累了大量的外汇储备，导致日元被迫升值，从而引发了泡沫经济以及泡沫破灭后日本经济长达10年的衰退。一直在衰退泥潭中跋涉的日本由于其结构调整不能顺利地推进，没有取得信息技术革命的领先地位，但是日本在电子信息产品的制造方面仍然具有一定的优势：在计算机产品、无线通信产品、消费电子产品和电子元器件的生产上，日本在世界上处于领先的地位。

日本的出口去向主要是亚洲地区和美国，对美国的出口占比为22.8%，对欧洲的出口占比为15.2%。日本的经常项目顺差在2007年为2105亿美元，2008年为1566亿美元。日本的资本和金融账户均为逆差，2008年资本账户逆差54.68亿美元，金融账户逆差为1726亿美元。日本在泡沫经济破灭后实行了长期的宽松货币政策，由于企业获得资金的成本低，使得日元流动性膨胀。大量的日元流入国际金融市场，并在全球不断转移进行金融投资，加剧了全球流动性过剩和金融动荡。2011年中国开始进入加息通道，欧洲央行也在4月5日宣布加息25个基点，而日本央行2011年4月宣布继续维持利率在0~0.1%，实行全面宽松计划，这意味着日元的流动性泛滥仍将继续。

3.1.2.4 东亚新兴经济体的国际分工地位成就了“贸易国家”

第二次世界大战以后至今东亚经济持续高速增长的纪录是令人注目的，特别是在1965—1997年间东亚23个国家和地区的增长速度高于世界其他地区。1993年9月，世界银行的报告《东亚奇迹：经济增长与公共政策》明确提出了东亚奇迹，在国际上引起了较大的反响。这种成绩的取得主要归功于其中9个经济实体近乎奇迹般的增长：日本、亚洲四小龙（韩国、新加坡、中国香港和中国台湾）、亚洲四小虎（马来西亚、泰国、印度尼西亚、菲律宾）。这些经济体经过第二次世界大战后半个世纪的发展，形成一种不同于西方资本主义经济的发展模式。这种模式使东亚国家（地区）用短短的30~40年的时间就走完了欧美资本主义国家200~300年的工业化路程，创造了誉满全球的“东亚奇迹”。

1997年亚洲金融危机以后，经济学家小岛清所发现的“雁型分工模式”已经不复存在，亚洲新兴市场经济体的经济结构也越来越相似。从全球产业结构大系统中发达国家与发展中国家在国际分工体系中的地位变化来看，差距在继续拉大，有可能出现两极分化的趋向。这中间处在产业级差过渡阶梯中的新兴工业化国家和地区，在国际分工体系中处于不稳定的位置。一部分国家和地区抓住经济全球化和新技术革命改变了产品的生命周期，可能抓紧吸收新技术和结构调整，从而向发达国家靠拢；另一部分国家可能滑向一般发展中国家。

总体上看，亚洲新兴工业化国家和地区在参与国际分工的方式上具有一定的共性，主要表现在：①政府主导的市场经济体制；②出口导向（外向型）发展战略，许多国家的外贸依存度都超过了100%（参见表3.2）；③“生产型经济”而非“消费型经济”；④拥有丰富的劳动力或者人力资本。2008年东亚区域内贸易中，中间产品贸易额为 1157.66 亿美元，所占比例达到 66.35%；最终产品贸易额为 5026.36 亿美元，比重只为 29.53%。东亚新型市场经济体的最终产品出口主要依赖美国和欧洲市场，2008 年东亚地区最终产品贸易的 70.47% 依赖于区域外市场，其中美国市场占 24.1%、欧盟市场占 23.41%，而东亚区域内最终产品贸易需求不大。这也造成了东亚各国成为"贸易国家"陷入了对美元体制依赖的困境。

表 3.2　亚洲部分经济体对外贸易依存度（进出口总额/本地生产总值）

单位:%

年度	中国内地	日本	韩国	中国香港	新加坡	泰国	马来西亚	印度尼西亚	菲律宾	中国台湾
2009	44.24			316.21						96.41
2008	57.29	31.46		349.16	361.74	129.42	182.86	51.59	65.49	119.58
2007	62.72	30.48	75.10	343.89	348.67	125.54	178.86	48.61	75.29	115.53
2006	64.80	28.07	71.47	343.01	373.72	119.57	186.93	50.33	86.31	110.58
2005	63.57	24.43	68.95	331.23	359.88	136.75	186.30	56.62	91.89	101.83
2003	56.91	22.07	73.51	339.44		124.34	205.87	53.67	103.03	86.92
2000	44.24	20.18	78.49	287.41	339.63	124.92	228.88	71.44	108.9	
1995	43.94	16.8	58.75	294.65	340.54	90.43	192.11	53.96	80.54	
1990	34.83	19.89	56.98	255.88	361.18	75.78	146.96	49.06	60.8	
1985	24.13	25.13	63.35	206.69	338.00	49.16	103.17	42.65	45.91	

资料来源：根据中经网数据中心数据整理、中国统计年鉴各年、国际统计年鉴

中国香港地区在 20 世纪 50 年代以前以转口贸易为主，此后走向了工业化的道路。1970 年，制造业占本地生产总值的比重上升到 31%，达到历史性的高峰。中国香港的电子、玩具、塑胶等行业在国际上具有一定的竞争力。20 世纪 80 年代中期开始，制造业在中国香港经济中的地位迅速下降，服务业在经济中的地位上升，其中贸易和金融这两个行业的地位最高。中国

香港迅速崛起为亚太地区的国际金融中心，20 世纪 90 年代以后，金融和地产成为中国香港的支柱产业。

新加坡在 1959 年独立后，产业结构经历了四次转型，经历了从“进口替代”到“出口导向”方式的转变。产业结构也从劳动密集型到资本密集型升级到技术密集型。新加坡政府将制造业和服务业视为经济增长的双引擎，金融业成为新加坡仅次于制造业的第二大部门。新加坡成为亚太地区的国际商业与服务中心。

韩国在 20 世纪 60 年代开始积极参与国际分工，实行了出口导向的外向型经济，使得经济快速发展。20 世纪 70 年代，韩国政府将经济开发战略由“出口主导型”发展为“重化工业化”，产业重心转到资本和技术密集型的重化工业。大力发展钢铁、非铁金属、机械、造船、汽车、电子、石化、水泥和陶瓷等十大产业。20 世纪 80 年代以后，韩国产业高级化的而特征明显，高科技和知识密集型产业快速发展。目前韩国在汽车、电子产品和半导体等领域都有比较强的实力和大型的跨国公司。

中国台湾地区自 1950 年代以来，也经历了从进口替代到出口导向的转变过程。20 世纪 60 至 70 年代，台湾当局开始实施外向型的发展战略，利用发达国家成熟产业和劳动密集型产业转移的机遇，加入国际分工体系。到 1970 年，中国台湾地区的工业比重占 36%，其中制造业比重为 28.5%，已经初步实现了工业化。20 世纪 80 至 90 年代，中国台湾的产业机构在制造业内部也出现了一个升级的过程：技术密集型工业不断上升而劳动密集型产业不断下降。据统计，在 1986—1999 年的 14 年间，高科技产品的出口金额已经由 1986 年的 1098.6 亿美元增加到 1999 年的 6390.5 亿美元，平均年递增 14.5%，占中国台湾出口的比例也由 27.6% 上升到 52.5%。近年来，中国台湾的咨讯电子产业迅速发展，年产值居全球第 3 位，仅次于美国和日本，且有超过十项的咨讯产品在国际市场上占有率第一。①

再看“亚洲四小虎”——印度尼西亚、马来西亚、菲律宾、泰国等的经济情况，目前这四国的产业结构是处于 Porter 所提出的国家发展阶段的第一阶段即生产因素导向阶段，其产业结构处于转型阶段，农业在经济中仍占有一定的比重。不过马来西亚的电子信息产品生产在 2005 年已经居于全球第五位，其中消费电子产品生产占全球的 8.8%，这与它低廉的劳动力成本有关。

中国内地在改革开放以来，快速融入国际分工和全球生产体系，近年来更是成为世界经济增长的主要贡献力量。2010 年底，中国 GDP 总量已经跃居世界第二位，国际贸易总额也居世界第三。中国充分发挥丰富的劳动力比较优势，已经成为世界制造业的中心，尽管理论界对于中国“世界工厂”还是“世界加工厂”的争论一直没有停止过。进入 21 世纪以来，中国积极承接信息技术产业的国际转移，成为高技术产品和某些资本和技术密集型产品加工组装的重要基地。从 2005 年开始，中国的贸易顺差迅速扩大，2008 年中国的贸易顺差为 2981.3 亿美元，同时也积累了大规模的外汇储备，从而成为当今拥有外汇储备规模最大的国家。关于中国的产业结构和参与国际分工的方式，将在第五章进行详细的分析。

3.1.3 当前国际分工格局下的全球经济失衡

总体而言，全球化使得世界经济已经形成了三个主要的板块：以美国、英国、西班牙等为主的金融和消费板块；以德国、日本、韩国、中国等为主的制造业和出口板块；其他资源和农

① 陈晓东，缪旭辉. 台湾产业结构升级的成效、问题及趋势［EB/OL］. 国研网，2002-02-06.

业国家板块。[①] 国际贸易的增长速度超过了世界经济的增速。相应地，以消费和金融为主的国家必然需要进口大量的消费品而输出金融服务；而以制造和出口为主的国家也必然会因为出口消费品产生贸易顺差，因此，贸易不平衡成为全球化发展过程中必然的现象。

从以上的分析我们已经可以看出，全球化几乎将所有的经济体都纳入了国际分工体系当中来，而当前的这种国际分工格局是国际产业转移的结果。美国制造业衰落而金融等服务业繁荣，美国主要进口消费品并出口高技术产品和服务，并通过巨大的经常账户逆差向世界市场输出美元。欧洲掌握着少数技术密集和资本密集型产品的竞争优势，将制造业特别是产品的制造环节转移到亚洲等劳动力廉价的国家。日本、韩国、中国台湾等经济体在区域分工中主要生产半成品然后出口到中国利用中国的廉价劳动力进行加工组装。

与美国的经常项目逆差对应，亚洲新兴经济体、日本、中国和石油输出国通过制成品和资源的出口形成了经常账户顺差，从而形成了全球贸易不平衡的状况，又被称为全球经济失衡（global imbalance）。全球经济失衡是指这样一种现象：一国（美国）拥有大量贸易赤字，而与该国贸易赤字相对应的贸易盈余则集中在其他一些国家。2005 年 2 月 23 日，国际货币基金组织总裁拉托在题为“纠正全球经济失衡，避免相互指责”的演讲中正式使用了这一名词。并指出当前全球经济失衡的主要表现是：美国经常账户赤字庞大、债务增长迅速，而日本、中国和亚洲其他主要新兴市场国家对美国持有大量贸易盈余。从 2000 年到 2008 年，美国贸易逆差中来自亚洲的比重一直保持在 55%左右，而其中来自中国内地的比重则从 20% 提高到 33%，

① 李稻葵，尹兴中. 国际货币体系新架构：后危机时代的研究［J］. 金融研究，2010（2）.

其中的原因是东亚其他国家对欧美的贸易顺差“转移”到中国。我国已经成为跨国公司在全球市场上最重要的“生产基地”，外商投资企业通过加工贸易给我国“制造”和“转来”了大量的贸易顺差。我国对欧美市场保有大量贸易顺差，而对亚洲周边国家则保持了大量的贸易逆差，2009 年中国对美国和欧盟的贸易顺差分别为 1443.6 亿美元和 1084.6 亿美元，其中加工贸易项下的顺差分别占到 81.5% 和 91.2%。同期中国对日本和韩国的贸易逆差分别为 330.5 亿美元和 488.7 亿美元。这就明确反映了当前国际分工格局和产业转移的特点。

在全球经济失衡的状况下，美国通过经常项目逆差向顺差国输入了大量的美元流动性，这些贸易盈余大多转化成顺差国的外汇储备，而外汇储备的增加又会带来两种效应：一是在各国国内政策的作用下，外汇储备引起该国国内货币供给量的被动增长，比如中国的外汇储备通过外汇占款的形式增加了货币供给，其实就是输入的美元流动性转化成该国的国内流动性。二是官方外汇储备通过购买美国国债和证券的投资形式使美元回流到美国。美国资本和金融项目的顺差可以部分地弥补其经常项目逆差，但是回流美元对应的国债却相应地增长。欧盟也与东亚地区产生了贸易逆差，不过欧盟对美国又保持着顺差，因此，这种不平衡从总体上看也被转移到了美国与东亚地区之间。

全球经济失衡的原因除了国际分工格局之外，还要考虑当前的国际货币体系的特点。

3.2 全球流动性创造的制度背景——国际货币体系

国际间的一切与货币资金有关的活动，都是在一定的国际货币体系下进行的，因此在我们试图分析国际货币运动的某些规律之前，必须清楚所处的国际货币体系的本质特点。国际货币体系主要包括国际货币制度、国际货币金融机构以及由历史和习惯沿革而来的约定俗成的国际货币秩序的总和。在国际货币体系中处于核心地位的就是国际货币制度。其内容主要包括：①国际本位货币的确立；②国际储备资产的确定；③国际汇率制度及各国汇率的安排；④国际收支的调节方式。

按照国际本位货币的不同，从资本主义制度确立以来，国际货币体系经历了金本位制、布雷顿森林体系和当今的牙买加体系三个阶段。本节在简要评述金本位制和布雷顿森林体系的基础上，重点分析牙买加体系的特点。

3.2.1 金本位制及其根本缺陷

英国早在1816年就实行了金本位制，到19世纪后半期，金本位制发展成为世界流行的货币制度。典型的金本位制具有三个主要特点：金币自由铸造、自由兑换、自由输出输入。金本位制的国际本位货币和各国的储备货币是黄金；各国货币之间的汇率由其含金量决定，因此汇率具有很强的稳定性，其偏离铸币平价的范围限制在黄金输送点之内；典型的金币本位制还有一个优点就是国际收支可以实现自动的调节：一国的国际收支不平衡会影响到黄金储备和货币供应量，再由货币数量的变化影响到国内物价，最终影响进出口变动，从而实现国际收支的自动平衡。[①] 金本位制促进了自由资本主义的发展，也正是出于这些优点，至今仍然有一些经济学家在批评当前的国际货币体系时，萌发出恢复金本位的想法。

但是，金本位制的固有的缺陷使其越来越不适应世界经济发展的需要，金本位制退出历史舞台是经济发展的必然选择。最根本的原因就在于：黄金增量的“有限性”的预期和世界经济发展所需货币的“无限性”之间的矛盾。受制于黄金供给量的有限性，金本位制下的货币供给必然收敛于一个极限，而世界经济未来的发展空间及其对应的货币需求则可能没有极限。虽然金本位和黄金之间并不完全对等，就像一些人所言：“哪怕只有一盎司黄金，金本位也能够运转”，但是问题的关键在于，制约金本位正常运转的，不是存量数字大小，而是人们对于黄金增量有限性的预期。在所有理性预期者看来，这种矛盾不可调和，金本位货币体系并不能带来安全感，市场主体往往会挤兑黄金，使得金本位难以维持。

3.2.2 布雷顿森林体系（美元—黄金本位）

第二次世界大战使主要国家的政治、经济格局发生了明显的变化。美国取代英国成为世界经济的霸主。顺应此形势而建立的布雷顿森林体系主要内容有：①建立了永久性的重要的国际金融机构——国际货币基金组织和国际复兴开发银行。②规定以美元作为主要国际储备货币，实行美元—黄金本位制。美元直接与黄金挂钩，各国政府或中央银行可以随时用美元向美国按比价 1 盎司∶35 美元兑换黄金。其他国家的货币与美元挂钩，规定与美元的比价，实行固定汇率制，各国政府有义务将

① 国际收支自动调节的前提条件是各国都普遍遵守三个原则：本币发行要有一定的黄金储备、维持法定货币的含金量稳定、黄金自由输出入。

本国货币与美元的比价限制在一个规定的很小的范围内。③国际收支的调节通过两条途径：一是 IMF 设立普通贷款账户，向国际收支发生暂时困难的会员国提供贷款；二是当国际收支发生不平衡时，可以通过汇率的调整予以调节。

布雷顿森林体系对战后世界贸易和经济的发展起了极大的促进作用。首先，固定汇率制为国际贸易与投资活动的开展提供了有利条件。其次，美元作为国际本位货币等同于黄金的地位，弥补了国际清偿力的不足。最后，国际货币基金组织要求会员国取消或放宽外贸和外汇管制，这在一定程度上为战后国际贸易与投资的发展消除了部分障碍。

但是布雷顿森林体系最终无法解决"特里芬难题"，在世界经济格局发生变化即欧洲和日本的迅速发展，美国的优势下降后，该体系在几次美元危机的冲击下最终崩溃。事实上，只要是一国的国别货币充当国际本位币的职能，都或多或少地面临特里芬难题——维持币值稳定与满足国际清偿力的矛盾。在布雷顿森林体系下，一方面要保持美元币值稳定，维持美元与黄金的有限兑换，就要求美国保持国际收支顺差，以增强美元的兑换能力；另一方面美元要满足世界经济贸易增长对国际清偿力的需要，就要求美国保持国际收支逆差，以满足世界各国对美元储备的需要，以及国际贸易及其他支付的需要。为此，美国只能通过外债的形式提供美元。然而美国长期的国际收支逆差会使美元币值不稳，其国际信用会发生动摇。在布雷顿森林体系中，美元和黄金挂钩，在一定意义上是双本位，必然还会面临劣币驱逐良币的现象。当美元的扩大发行导致不能兑现黄金时，使人们对美元的信心发生动摇，就会拼命地追逐黄金，国际货币体系的危机就爆发了。

3.2.3 牙买加体系（美元本位）

1976 年 1 月国际货币基金组织（IMF）的国际货币制度临

时委员会达成《牙买加协议》，国际货币体系进入了一个新阶段。各国可以自由选择汇率制度安排，实行浮动汇率制度的国家越来越多；黄金非货币化，国际储备货币也开始多元化。虽然美元的国际地位下降，但是美元的中心和支配地位并未动摇，它仍然是国际贸易和金融交易的主要媒介、主要的国际储备货币。储备货币是国际本位货币功能的集中体现，一种货币在国际计价和交易中使用越多，其在储备货币中的占比就越大，所以，人们习惯于用主要储备货币来命名国际货币体系。从1973年布雷顿体系崩溃以来，美元在国际储备货币中占有大部分比重（见表3.3），即使1999年欧元开始流通，美元在国际储备货币中所占的比重并没有显著下降，因此，许多学者认为牙买加体系的本质是美元本位。

表3.3　　　　国际储备货币中美元所占的比例　　　　（%）

1973年	1987年	1995年	1996年	1997年	1998年	1999年	2000年
84.5	66	59	62.1	65.2	69.3	71	71.1
2001年	2002年	2003年	2004年	2005年	2006年	2007年	2008年
71.5	67	65.9	65.9	66.8	65.3	63.8	64.2

数据来源：根据imf. org/external/np/sta/cofer/eng/cofer. pdf整理

关于美元本位制的特点，可以总结为以下几点：

①国际本位货币由信用货币来承担。美元与黄金没有联系，它同时具有主权国家货币和国际货币的双重身份。②国际储备资产的供给方式不同。金本位制下黄金的供给取决于其产量，没有人能够凭空制造。布雷顿体系下美元的供给受制于黄金，世界储备资产总量供给受制于美国的黄金储备。而美元本位制下，美元的国际供给与国内供给混在一起，统一由美国的货币政策和贸易状况决定。如果美国采取扩张的货币政策和贸易赤字政策，美元的国际供给就会不断扩大，从而全球储备资产就

不断增加。[1] ③浮动汇率成为国际汇率制度的基本特征。主要工业化国家几乎都采用浮动汇率制，汇率波动频繁而剧烈，加剧了国际金融市场的动荡不安。中心货币汇率变动发挥着主导作用，美元汇率大幅波动必将导致国际汇率体系紊乱。④国际收支失衡成为常态。由于没有了黄金的调节和约束。美国经济的失衡越来越严重，美国通过经常项目逆差向世界输出大量的美元，另一方面，通过其他国家对美国金融资产的购买使美元回流到美国。虽然从理论上说，可以通过汇率的自由波动来校正国际收支失衡，但是实际上却做不到，因为绝大多数国家在试图利用汇率这一杠杆来缓解其外部失衡时遇到明显的数量约束，即受制于作为主导的美国的影响。在当今的全球分工格局下，亚洲等外向型经济体与美国之间的经常项目失衡有其必然性，仅靠汇率调节很难奏效。⑤国际货币事务的协调机制松散。在金本位制下由于存在自动协调机制不需要各国的磋商。布雷顿森林体系下，IMF对其成员国履行各自义务有较强的约束力，美国承担着稳定汇率的义务。但是在牙买加体系下，美国摆脱了国际约束，不再承担稳定汇率的义务。美国可以根据自己国内经济的需要而通过利率、汇率、货币供应等进行调控，不顾这种调控对世界经济带来的重大影响。因此，有人认为目前的国际金融协调机制是美元霸权。

3.2.4 国际货币体系演进的逻辑

国际货币体系形式的演进应该说属于诱致性制度变迁。在一种国际货币体系建立的初期，它可以适应当时的国际贸易和投资对于流动性和国际清偿力的需要，从而促进了世界经济的发展。随着国际经济中出现了一些新特点之后，特别是主要大

① 张纯威. 美元本位、美元环流与美元陷阱［J］. 国际金融研究，2008（6）：4－13.

国之间的相对经济实力发生了变化之后，原有的国际货币体系就逐渐变得不再具有可持续性，或者说变得系统不相容了，此时旧体系就会被新体系所取代。

在典型金本位制的后期，由于世界经济格局和各国经济实力的变化，美国积累了大部分的黄金储备而取代英国的地位。当60%的黄金储备集中到美国的时候，其他国家的金本位制就很难维持，黄金供给的增长速度远远落后于各国经济和贸易增长速度。因此典型的金本位制崩溃，取而代之的是美元—黄金本位制的布雷顿森林体系。① 到了20世纪70年代，由于西欧和日本经济的崛起，美国的相对地位有所下降。美国的国际收支逆差越来越大，美元贬值的压力也越来越大，美国的黄金储备无法满足美元与黄金的挂钩。因此发生了美元危机，布雷顿体系无法维持。从表3.3也可以看出，在1970年代到2000年之间，美元的国际储备占比下降，反映美国的国际经济地位相对下降。但是到了21世纪，美国抓住了信息技术革命的先机，实现了经济的快速发展。而日本则陷入泡沫经济破灭后长达十多年的衰退，欧洲也在信息技术的创新中落后于美国，因此，美元的国际储备地位有所上升。但是，美元本位制内在的缺陷无法克服——以国别的信用货币来充当国际本位货币，就难免出现国际经济失衡和全球流动性泛滥的问题，泡沫经济和金融危机不断地在中心国家与外围国家之间发生。

因此，在经济全球化和世界经济格局不断变化的过程中，可以预测国际本位货币多元化的趋势。超国家的区域货币也将不断出现，当全球化达到某种程度时，全球统一的超主权货币也将会应运而生。

① 布雷顿森林体系实质上是一种金汇兑本位制。

3.3 国际货币的提供、膨胀和流动机制

要在全球视角下理解流动性过剩问题，有必要弄清楚当今国际分工格局和牙买加体系下，国际货币（主要是美元）的供给、膨胀并在世界各国之间流动的机制。

3.3.1 当前国际货币的主要构成

当货币的基本功能超越了国界，也即当某一货币在国际间充当价值尺度、流通手段、交易媒介和价值储藏手段职能的时候，它就成为了世界货币。当今牙买加体系下多种货币都在不同程度地承担着世界货币的角色，当然美元是最核心的国际本位货币。美元、欧元、日元、英镑等几种货币都在国际储备中占有一定的比重，这几种货币也在国际贸易的计价和结算中发挥着重要的作用。由图3.1可以看出，在2008年各国官方外汇储备构成中，美元仍然占了绝对的地位，在国际贸易的计价和结算中，大约有2/3的世界进出口贸易用美元来结算。欧元在国际储备中已经占到了26.4%的比例，日元占3.12%，英镑占4.05%，国际货币多元化的趋势可谓初露端倪。

因此，当前的国际货币主要是由少数几个发达国家的货币来充当，全球货币流动性的供给也由美国、欧盟、英国和日本等几个国家的中央银行根据自身的经济情况来决定。这些国家的国内货币政策直接影响着国际货币的供给，也对全球流动性和经济运行有着关键的影响。

3.3.2 全球货币流动性的提供、膨胀过程

美元和欧元是主要的国际货币，毫无疑问，全球流动性创

造和膨胀的根源是美元、欧元的输出。一国货币作为世界货币的一个优势就是，可以直接在世界市场上购买其他国家的商品和劳务，并且以这种货币标价的金融债券也可以在更广阔的市场上进行交易。从理论上来说，国际货币的对外供给有贸易和金融两条渠道。金融渠道的国际货币投放，主要依靠对外投资，包括直接投资、证券投资和国际信贷以及对外援助等；贸易渠道的国际货币投放则主要是通过购买外国的商品和劳务，表现为国际收支账户的持续逆差。

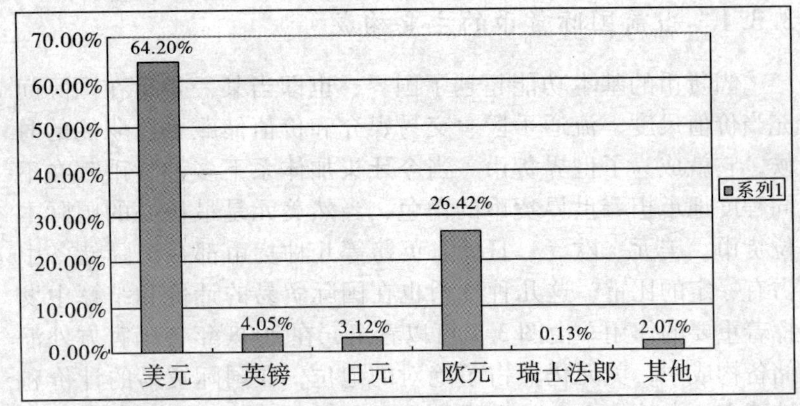

图 3.1　2008 年世界官方外汇储备的币种构成

数据来源：国际货币基金组织网站。

如果说在布雷顿森林体系时期，美国主要是靠金融渠道投放美元，再通过对外出口收回美元的话，① 现在美国和欧洲国家则是主要通过贸易渠道对外提供美元、欧元与英镑。从 1982 年开始，美国出现了持续的经常项目逆差，而且逆差的规模迅速扩大，从 1982 年的 55 亿美元到 2006 年的 8115 亿美元的规模，

① 实际上，20 世纪 70 年代前美国经常项目顺差，对外净资产持续扩大，通过金融渠道输出美元。见张纯威. 美元本位、美元环流与美元陷阱［J］. 国际金融研究，2008（6）：6.

国际金融危机之后，在国际贸易受到明显冲击的条件下，2009年美国经常项目逆差也达到3784亿美元。美国用美元购买其他国家的商品和资源（比如石油），输出美元到这些国家之后成为各国的外汇储备，而各国又用外汇储备来购买美国的债券和其他资产。因此在美国经常项目巨额逆差的同时还伴随着其金融项目长期持续的顺差。同样的，欧洲主要国家的经常项目也是持续的逆差、资本项目顺差，其储备资产基本不变。

黄金非货币化以后，世界货币的提供不再受到任何硬约束，取而代之的是各类国际债券为国际货币提供流动性的支持。1966年全球未偿付的国际债券仅为0.86亿美元，但此后持续增长，到2007年第二季度末，全球未偿付的国际债券总量超过了20万亿美元。欧元诞生后在国际债券市场上打破了美元“一元独大”的状况，2003年年底未偿付的欧元计价债券已经超过美元，欧元俨然成为国际债券市场的主导货币。[①] 国际债券规模的剧增也是全球流动性膨胀的一个表现。

美元和欧元流出境外，相当于对世界经济提供了高能货币。泛滥的国际货币充斥在国际金融市场和各国经济体系之中，经过复杂的变换而派生出更多的流动性。比如在发达的金融市场上，充足的流动性造成了信用的过度扩张和资产价格泡沫，而由此带来的财富效应和货币幻觉会促使经济出现短暂的虚假繁荣，从而引导各国货币当局投放更多的货币。新兴市场经济体依靠制造业出口积累了大量的外汇储备，而在中央银行冲销措施有限的条件下，这些外汇储备也带来了国内货币投放量的扩张，全球流动性的输入转化为国内流动性的过剩。

① 刘骏民，段彦飞. 全球流动性膨胀的历史和逻辑［J］. 经济学家，2008（6）：102.

3.3.3 美元的循环方式与全球经济失衡的金融视角

虽然欧元在国际储备资产中已经占到了26%，但是，美元的核心地位并没有从本质上发生改变。现在我们从宏观的角度着重分析美元在世界领域的循环流动方式。

张明（2005）① 认为，迄今为止的国际货币体系呈现出中心—外围式架构，并且伴随着通货和实体资源的流动。Dooley（2003）② 较早注意到现行国际货币体系下特殊的国际经济格局，将其划分为三大功能区：①贸易账户区，主要由中国、日本、韩国等亚洲国家构成。它们主要以美国为出口市场，积累了大量的贸易盈余与外汇储备，但是这些储备又大部分以购买美元债券的形式回流到美国。②资本账户区，由欧洲、澳洲、加拿大及部分拉美国家组成。这些国家的投资者购买大量的美国金融资产（如股票和债券），并向美国输入资本。③中心区——美国。由于有来自贸易账户区外汇储备的回流和资本账户区私人资本的流入支撑，使得美国的经常账户逆差得以维持，并且规模越来越大。这种国际格局下美元与真实资源的流动可以由图3.2来表示。

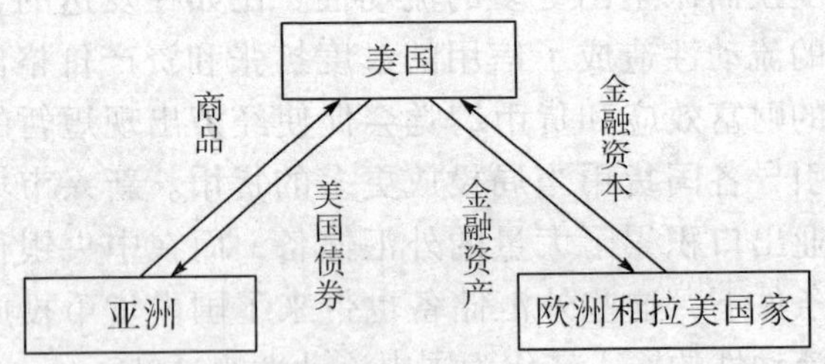

图3.2 当今货币体系下的资源流动

① 张明、覃东海．国际货币体系演进的资源流动分析［J］．世界经济与政治，2005（12）：61．

② DOOLEY M，FOLKERTS－LANDAU D，STRAUB R．A Framework for Assessing Global Imbalances［R］．NBER Working Paper No．9971，2003．

在这种格局下，美元的投放主要通过外围国家对美国的商品和服务的出口实现，美元回流主要通过外围国家对美国的投资实现。美国成为世界经济中的消费者和债务国。但是美元的这种循环方式在本质上决定了其具有自解体性，因为作为中心国的美国经济不断地虚空化，各国经济失衡不断加重，使得这种方式在运行过程中不断瓦解自身存在的基础。金融危机也不断地在中心——外围国家之间积累并传递。

全球经济失衡成为当今国际经济格局和国际货币体系运行中的必然结果。经济失衡的一个显著特征，就是经常项目赤字的国家具有发达的金融市场，服务业占国民经济的比重较高，经济结构呈“软化”趋势。与此对应，经常项目顺差的国家制造业发达，制造业占国民经济的比重较高。经常项目账户赤字最多的五个国家：美国，英国，澳大利亚都具有发达的金融市场，西班牙和意大利虽然金融市场不发达，但是制造业占国民经济的比重都不到30%。经常账户盈余最多的五个国家中，中国、日本和德国都拥有世界上最大的制造业规模。① 这种新形态的国际分工形成了一种紧密的互补结构：东亚国家制造业的生产出口依赖欧美国家的消费进口，而欧美国家利用服务业尤其是在金融领域的优势不断从东亚国家进口制造品来满足其过度的消费需求。

如果从全球化和历史的眼光来看，目前这种国际分工形态和全球经济失衡是全球化发展过程中的必然阶段。在要素还不能实现全球自由流动的条件下，特别是劳动力还不能在全球自由流动的条件下，整个世界经济就好似中国的二元经济结构。所不同的是，中国依赖劳动力（农民工）的流动来发展制造业，

① 徐建炜，姚洋. 国际分工新形态、金融市场发展与全球失衡［Z］. 北京大学中国经济研究中心讨论稿系列，2009.

而国际发达的技术和资本作为生产要素的主宰，则在全球流动寻找与之相结合的其他要素。那么，制造业就在劳动力丰富的国家繁荣，服务业就在人力资本和制度完善的国家繁荣。而美国类似于世界经济的“中央银行”，所不同的是，这个中央银行可以将滥发货币的后果转嫁给外围国家，但是铸币税终究不能长期养活一个大国的人口。这种国际收支的长期失衡已经突破了单个封闭经济体的经济分析框架，美国或者中国的国际收支失衡并不仅仅是单个国家的问题，而是全球的问题，是全球化过程中的世界经济现象。

3.4 产业虚拟化与流动性过剩——金融危机为何发源于美国?

2007 年美国次贷危机突然爆发且迅速恶化，陆续击垮了数家在世界上最具有竞争力的大金融机构，2008 年危机开始从金融业蔓延到实体经济，也通过各种途径向全世界蔓延，各国经济被卷入了危机的漩涡，并逐步演化为世界经济危机。面对仍未见好转的世界经济状况，人们不仅产生疑问：这次百年不遇的大危机为什么偏偏发生在美国？众所周知，一直以来美国被奉为市场机制最完善、金融市场最发达的世界经济、金融核心，美国居民消费意识超前且消费规模庞大，由此带来的巨大需求成为推动世界经济的一种动力。而且美国的很多机制包括金融体系，也曾经成为转轨经济国家模仿的样本。就在刚刚过去的 20 世纪末和 21 世纪初，美国经济还曾经创造过 9 年的“两低一高”奇迹（高增长率、低通货膨胀率、低失业率）。以至于引发当时经济学界产生了热烈的讨论，有些人甚至认为经济周期的特点发生了根本的变化。然而就是这样一个强大、竞争充分的经济体，却成为第二次世界大战以来最严重的一次金融危机的发源地，其根源是什么？目前的文献大多从金融创新和监管方面来分析危机发生的过程，也有的学者从虚拟经济和收入分配的角度来分析危机的根源。本章则试图从全球化过程中美国产业结构变化和经济增长模式的角度来对此进行分析。

3.4.1 去工业化与虚拟化——美国产业结构变化的特点

美国从20世纪80年代中期以后就出现了去工业化趋势，在信息技术威力减缓的期间，金融、保险、房地产服务业增长迅速，又出现了虚拟化的趋势。根据美国经济分析局（BEA）的数据，1990年实体经济中最具有代表性的制造业在GDP中的比重下降到16.33%，而金融、保险、房地产服务与租赁业在GDP中的比重上升到17.96%。进入21世纪后，以金融、保险、房地产服务与租赁业为代表的虚拟经济发展更加迅速：2007年，制造业在GDP中的比重降到了11.67%，而虚拟经济在GDP中的比重却增加到20.66%。可见虚拟经济的发展速度超过了实体经济。

美国的整体经济和美国企业的利润主要来自于虚拟经济而非实际商品和服务部门，虚拟经济成为美国经济中“最赚钱”的部门。1990年制造业公司的利润占比与虚拟经济部门的利润占比交叉，随后二者呈现相反的走势，制造业的利润降幅与金融、保险、房地产服务业的利润升幅基本相当。制造业部门公司利润占比从1950年的48%降到2006年的13%；虚拟经济部门的利润占比从1950年的11%上升到2006年的41%；其他服务业在利润总额中的占比则一直占据相对较小的稳定的份额。①

3.4.2 以虚拟经济为推动力的美国经济运行模式

在2002年开始的这一次短周期中，美国经济围绕着金融、保险、房地产服务业（即虚拟经济行业）运行。靠创造和炒作各类虚拟资本以及为其提供咨询服务、信用评级和各种中介服务来获得利润，而制造业和与其紧密联系的相关行业则被边缘化。与虚拟经济相关的服务同一般的服务不同，它并不被人们直接消费，也不能作为中间产品投入到生产活动中去，而只是为人们参与财富（或者货币）的分配提供便利。很多金融产品特别是证券化的衍生品，是人为创造的，对其需求并不是来自于实际经济发展对资金的需要，而是来自于投资者获得货币财富的需要。尤其是像股指期货和期权这一类的金融产品，其合约背后没有任何实体价值对应物。这种虚拟经济活动的繁荣来自于金融创新活动，能够相对独立于实体经济而运行，但是并不必然与真实财富增长有关。

实际上，进入21世纪以后美国形成了以金融创新为动力的经济增长模式，可以简单概括为：金融创新—金融自增长—财富效应—消费增加—生产增长—金融创新。金融业在自增长的同时，能够在一定程度上带动相关服务业的发展和实体产业的增长，这是由于金融自增长带来了财富效应。这一经济增长链条运转的原动力是金融创新，核心是财富效应。在这种经济增长模式中，人们试图通过金融产品投资获得丰厚的利润，导致金融市场聚集了大量的资金，过度的投机弱化了金融市场的资源配置功能，必然削弱实体经济的发展。

① 张云，刘骏民．经济虚拟化与金融危机、美元危机［J］．世界经济研究，2009（3）．

这种以金融业自增长为支撑的经济增长方式，受制于金融产品价格的变化。实体经济的价格体系由成本支持，虚拟经济的价格体系则是由预期和信心支持的。很多金融衍生产品，其实买卖的是人们对风险的不同预期，一旦市场整体预期改变，危机就一触即发。一旦金融产品的价格上扬受到大众心理、利率上调等因素的阻滞，居民的财富增加就会受到限制，就意味着一轮经济循环的终结。

3.4.3 美国产业虚拟化的背景和原因

3.4.3.1 全球化背景下的世界经济核心国

美国一直是世界经济的核心甚至是发动机，是世界最大的出口商品流向地、FDI流入地，其庞大的消费需求影响着世界各国的经济。美国是个典型的消费推动型的经济体，其居民最终消费支出占GDP的比例一直在70%左右，而私人投资总额占GDP的比例约为16%左右。值得一提的是，美国居民的生活必需品主要是依靠世界市场来提供，而它提供给本国消费者和世界市场的“优势产品”主要是人为制造的各种金融产品。早在21世纪初，美国家庭财产中的金融资产所占比例已超过80%，金融对美国经济的渗透和影响可见一斑。

美国在世界经济中的核心地位使得它的虚拟经济能够在更大的空间运行，并突破了封闭经济中零和博弈的局限。在一个封闭的经济中，仅仅靠多发货币并不能刺激经济的增长，更不能增加居民的真实福利，因为货币数量的增长必然会带来通货膨胀。资产市场投机交易的总盈亏是相抵的，不论金融资产价格上涨了多少，对参与者总体来说都是个零和博弈，并没有带来国民财富的真正增加。但是全球化条件下，作为世界经济核心的美国，其虚拟经济范围扩大，对本国来说并再不是零和游戏，因为美国虚拟经济产生的利润可以与外部交换物质产品，并通过创造金融产品而从外国回流货币。在国际产业分工的体系中，美国成为以高端服务业为主的国家；在对外贸易结构中，美国的商品贸易呈现逆差，而服务贸易则是顺差。据世界贸易组织的统计数据，2007 年美国服务贸易顺差 1180 亿美元，部分地弥补了经常项目的逆差。同时，世界上其他国家比如亚洲国家廉价商品的输入，减缓了美国的通货膨胀压力，这些国家用商品换来的美元储备，又通过购买美国国债回流到美国；欧洲和拉美、加拿大等国家的私人投资者也大量购买美国的金融资产；使得美国可以维持规模庞大的经常项目逆差和宽松的货币政策而又没有发生严重的通货膨胀。

3.4.3.2　现行国际货币体系中无约束的世界中央银行

虚拟经济体是货币利润的一个重要来源，通过发行货币可以创造虚拟经济利润，但是要维持这种货币利润，必须具备三个条件：一是只要有不断增加的货币资金输入，虚拟经济体就会有利润；二是经济体通过与外界非虚拟经济体交换获得生活资料，而非虚拟经济体则用虚拟经济体支付的货币购买金融资产；三是虚拟经济体必须可以发行非虚拟经济体认可的“国际货币”[①]。显而易见，美国具备了上述虚拟经济独立运行创造货币利润的条件。从 20 世纪 70 年代以来美国经常项目持续逆差，在 2006 年美国经常账户逆差达到了历史高点——近 8000 亿美元；金融项目则持续顺差，从 2000 年开始，流入美国的资金净额首次突破 1 万亿美元，到了 2007 年流入美国的外国净资金规模近 2.5 万亿美元。美元作为世界货币的核心，在国际贸易结算、国际直接投资和国际储备中占有绝对的份额。美联储实际部分地在充当世界中央银行的角色，但同时美元又是美国的国

① 刘骏民，伍超明．虚拟经济与实体经济关系模型——对我国当前股市与实体经济关系的一种解释［J］．经济研究，2004（04）：60－69.

别货币，在现行的牙买加体系中，美元的发行没有黄金等实物资产的约束，而只有部分的金融资产（国债和地方政府债券）来作为发行准备。美元的供给服务于美国国内的经济目标，若不考虑美元作为世界货币的外部性，就必然存在多发货币的内在冲动。从1969—2007年，全球储备资产近乎增加了100倍，其中的美元储备资产约占了60%以上。[①] 相应地，美国的国债规模也必然伴随着美元的泛滥而急剧膨胀。这些基础的金融资产充斥在国际金融市场中，并在发达的金融市场衍生出了大量的虚拟金融产品，从而形成了虚拟经济的泡沫。

3.4.3.3　放松管制、信息技术促进了金融创新和金融全球化

20世纪80年代以来，美国提出了新的金融改革方案，逐步放松对存贷利率的管制，力图改革其旧的金融体制。1999年底，美国颁布实施了《金融服务现代化法案》。该法案最终废除了形成于1933年的格拉斯—斯蒂格尔法中的主要条款，消除银行业、证券业和保险业之间的行业壁垒，实行混业经营；改革跨州银行法，统一国内金融市场；允许工商企业对金融机构拥有更多的所有权，以此拓展金融机构的资本来源。欧日也相继放松金融管制，金融创新活跃，各种衍生产品层出不穷，增加了经济虚拟化的程度。同时，计算机和互联网技术的广泛应用，为金融创新提供了技术平台，并突破了交易的时空限制，使得各国金融市场与国际金融市场紧密连接，逐步形成一个相互依赖、相互作用的有机整体。伴随金融的自由化，发达国家为了减少竞争成本、降低与防范投资风险，不断开拓金融市场，寻求新的金融交易方式。在此背景下，许多发展中国家也积极投入到更加开放和统一的金融市场的发展潮流中，与发达国家或

① IMF. International Financial Statistic。

地区的金融市场相互联结，构成全球化的金融市场运作体系，从而在时间和空间上缩短了与国际金融市场的距离，实现24小时不间断营业。再加上2001—2004年美联储连续27次降息，日本也继续实行长期的零利率政策，西方国家宽松的货币政策使得全球流动性急剧膨胀，大规模的资金充斥着国际金融市场。这些因素虽然不能说是危机的根源，但是也成为危机爆发和传染的催化剂。

3.4.4 金融危机发生在美国的必然性

3.4.4.1 美国虚拟经济膨胀的局限

美国经济一直是以消费为主的，而金融产品并不能成为居民生活中的必需品。因此，2002年以后典型的以金融创新为动力的经济繁荣模式，与本国居民的消费之间关联度很低，也只有房地产市场才能够将居民个人的消费和虚拟经济联结起来。

为了刺激经济的增长，美国政府实行了多种措施鼓励实现“居者有其房”，到2007年美国住房自有率已达到了70%。在金融杠杆的撬动下，住房抵押贷款的市值规模达到了住房总资产的60倍。为了挖掘低收入群体的住房需求，金融机构必然要降低贷款的条件，又因为金融机构满足流动性和分散风险的需要，依托这些基础的金融产品又创造出规模庞大的虚拟产品。以两房为例，2007年底，这两家公司的核心资本合计832亿美元，而这些资本支持着5.2万亿美元的债务与担保，杠杆比率高达62.5。因此，房地产市场的泡沫必然产生，同时伴随着证券资本市场的泡沫，消费者的信心对美国经济影响巨大。相对于美国强大的金融市场创新能力，美国居民的金融服务需求必然不足。

不仅是美国居民对金融服务的需求不足，世界市场对美国这种高端金融服务的需求也必然不足。虽然很多新兴市场经济体的增长率较高，但是它们大多数还没有完成工业化的历程，对金融服务的需求必然有限；而欧、日等发达经济体本身也具备了比较发达的金融市场，对世界市场上虚拟经济的过度繁荣起到了推波助澜的作用。

2004 年开始，美国的价格指数（CPI、PPI）持续上升，为了缓解通货膨胀的压力，美联储又连续 17 次加息，从而触发了次贷危机。

3.4.4.2　美国经济的脆弱性和危机的世界扩散

在全球化深入发展的当今，美国经济运行不再是依靠美国能生产什么，而是依靠美元能购买什么。成思危提出虚拟经济的“介稳性”和“寄生性”，认为虚拟经济越强，对外部实体经济的依赖就越重，经济也越脆弱。[①] 这就意味着在当代，美国虚拟经济与实体经济的相互依存关系已经超出了国界，不仅仅是国内经济平衡的基本问题，而且是世界经济平衡的基本关系问题。

从单个国家的经济对世界经济的外部性来分析，如果一国在实体经济中充当了重大技术创新的领头羊，那么得益于劳动生产率的提高本国经济将率先增长，在随后的技术扩散和产业国际转移过程中，其他国家的经济也会加速增长。历史上的几次大的技术革命就产生了这种正的外部效应。但是金融创新与实体经济领域的技术创新有所不同，它并不能直接提高劳动生产率，而只能部分地减少（或者更准确地说是货币化）交易费用。因此美国以虚拟产业为主的经济增长，对于本国来说是不能自我维持的；对其他国家来说，通过与实体经济之间的联系，更可能被卷入泡沫经济的漩涡。这样金融危机就在世界市场中迅速传染扩散。

① 成思危．虚拟经济论丛［M］．北京：民主与建设出版社，2003.

美国作为世界金融中心，又是虚拟经济过度繁荣的发源地。由于其虚拟经济的发展并不能完全输出到别的国家，必然也引起本国资本市场的泡沫，当泡沫积累到一定程度时，资金链条断裂的微小冲击就能引发剧烈的金融动荡和危机。最大的气球最容易破裂，虚拟化程度最高的经济体最容易发生危机，也是在必然之中。

当然更重要的一点是，美国的金融危机是在美元流动性过剩和全球流动性过剩的环境下发生的。

4

中国的流动性过剩——国际资本的输入

在分析了全球化过程中的国际分工和国际货币体系的具体背景之后，本章专门探讨2002年以来中国经济中出现的流动性过剩问题，重点找到造成中国货币流动性过剩的原因。国际货币基金组织（IMF）总裁多米尼克·施特劳斯卡恩说："当你身处一个全球化的经济中，你无法找到一个国内解决办法。"在改革开放30年后，中国经济已经深入广泛地参与到世界经济之中，因此，中国的流动性过剩问题绝不可能仅仅是中国的问题，试图封闭隔绝地单独研究中国的流动性过剩问题，是明显不合理、不科学的做法。

4.1 全球流动性过剩——世界经济的痼疾

在第一章中我们已经明确，本书所研究的是货币流动性过剩问题。如果全球主要国际货币的发行国提供了过多的货币，那么这些货币流动性就必然通过各种途径找到它的归宿——或者输入到某些国家转换成该国的国内流动性资产；或者在国际金融市场上推高金融产品的价格。

4.1.1 进入21世纪G5国家的货币供给

由于美国、日本、欧元区、英国和加拿大这五个国家的GDP总量占到全球的2/3，而且美元、欧元、日元和英镑等又是主要的国际货币，因此，学术界往往利用G5经济体的货币供给来代表全球货币供给的状况。

从图4.1可以看出，进入21世纪以后，G5的货币供给呈现出快速增长的趋势。可见在2000年到2007年金融危机爆发之前的一段时期，全球货币供给增长迅速，世界主要的经济体宽松的货币政策为全球提供了大量的货币流动性。除了广义和狭义货币供给量迅速增长以外，2001 年以来（图 4.2），G5 的利率水平一直在低位徘徊，日本更是实行了长时期的零利率政策，这些都成为全球流动性过剩的主要原因。

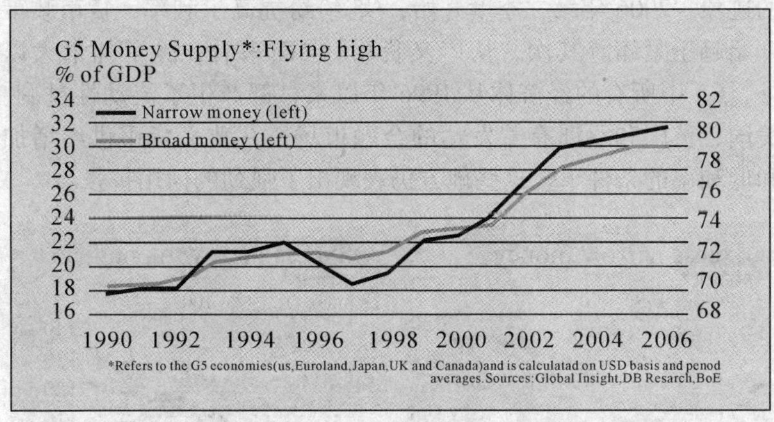

图 4.1　G5 的货币供给占 GDP 的比重

（数据来源：www. dbresearch. com）

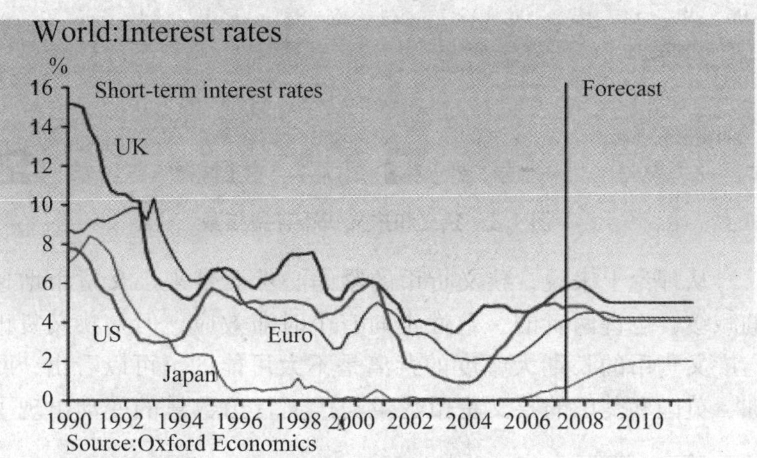

图 4.2　国际市场利率

数据来源：世界经济展望 2007

首先，从狭义货币层面①来看（图 4.3），从 2001 年以来，G5 的狭义货币增长指数相对于 1996 年都大于 1，日本的狭义货币供给增长最快，而美国的狭义货币增长指数却没有过度膨胀的迹象。2006 年第二季度开始，G5 纷纷提高了利率，货币政策开始趋于紧缩。其次，从广义货币②层面来看，除了加拿大以外，G5 中所有的经济体从 1996 年以来，都产生了流动性过剩。美国、英国和欧洲有着发达的金融市场，在狭义货币供给增加和低利率的条件下，这些地方仍表现出了强劲的信用扩张。

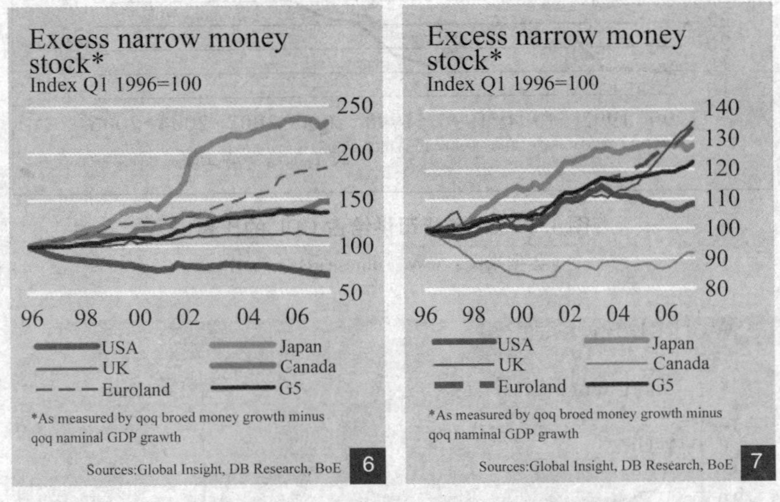

图 4.3　狭义和广义货币存量指数

从理论上来说，狭义货币的紧缩必然会带来广义货币增速的减缓，也许两者的一致性走向有个时滞效应，但是狭义货币与广义货币的长期大幅度的背离是不太可能的。可以看出，欧洲、英国和美国的狭义货币数量与广义货币数量的变动出现了

① 狭义货币用 M_1 来代表，英国的用 M_0 指标。

② 广义货币用各国可以获得的最广义的货币口径来衡量。

背离，2006 年 G5 纷纷紧缩货币政策以后，狭义货币供给下降，而广义货币仍然处于快速的膨胀之中。两者的背离意味着信用扩张的繁荣，但是当信用扩张过度时，经济也许会用广义货币流动性的瞬时减少来纠正这种偏离，这就是金融危机的前兆。

以上从世界主要经济体的货币供给数量或者利率的角度来看，我们直观地看出 2000—2006 年第一季度的数据显示货币供给增长迅速，远远超过了各国名义 GDP 的增速。

4.1.2 过剩的流动性去了哪里？

在 2001—2006 年世界主要国家纷纷降低利率，并维持高于经济增长的货币供给速度的环境中，世界各国同期的核心 CPI 并没有出现相应的明显的增长。既然全球货币流动性在 2002 年到 2006 年之间出现了过剩，那么这些过剩的流动性最终流向了哪里，以何种形态存在呢？过剩的流动性看起来并没有主要流入消费品市场，而主要涌进了资本市场，从而推高了资产价格。

首先，在金融自由化和金融创新的快速发展中，货币流动性可以转化并膨胀出更加庞大的金融市场流动性。已有研究表明，广义货币的增长与金融资产价格存在明显的一致性。在 2002 年以后，欧美国家的金融市场和房地产出现了一度的繁荣。纳斯达克指数在网络经济泡沫破灭后，从 2002 年 10 月的 1114 点回升到 2007 年 7 月的 2707 点。道·琼斯工业指数在 2003 年 10 月突破了一万点，2007 年 10 月 9 日达到 14 198.8 点的最高点。2007 年 7 月 6 日，标准普尔 500 指数已经攀升到了创纪录的 1552 点的高位，甚至超越了七年前网络泡沫时期创下的水平。在世界货币流动性快速扩张的同时，多数国家的房地产价格也陆续上涨。自从 2001 年网络泡沫破灭后，在低利率、宽松的贷款和抵押政策的刺激下，美国的房价在五年内上涨了60%。[①] Sebastian Becker（2007）的研究发现，英国的房价走势表现出与全球流动性的紧密一致性，这种联系甚至比其与英国本国的广义货币之间更紧密。这一发现也反映出英国国际金融中心的地位。

其次，发展中国家（亚洲、石油输出国）的外汇储备剧增，导致国内货币供给量增加。过剩的流动性也致使这些国家的银行的存贷差增加，并产生资产泡沫。根据第三章关于国际货币循环的框架，作为贸易账户区的亚洲新兴市场经济体，通过出口商品而输入美元、欧元等国际货币流动性。这些输入的流动性一方面转化成本国的外汇储备，致使该国被动增加货币供给，国内货币供给的迅速增长以各种途径流入该国的资本市场，推高资产价格。石油输出国家也输入了大量的石油美元，只不过这些石油美元又被用来进口商品或者流向发达国家的金融市场，没有像东亚经济体那样先形成外汇储备。此外，美元还通过国内和离岸市场以债务的形式流入到其他一些发展中国家。2004年印度的股票市场上涨了120%；2004—2005年中东股票市场上涨了500%。

最后，贸易账户输出的流动性会通过资本账户回流到美国和欧洲。大量的外汇储备和石油美元以主权财富基金的形式在国际金融市场上进行投资。到2008年年底，满足摩立特集团标准的有来自23个国家的32只基金。按地区划分，大约40%（14只）的总部设在中东及北非（MENA）；1/3（10只）来自亚太地区；欧洲唯一符合此定义的基金在挪威。32只基金中，大约有一半的基金是在近十年建立起来的，且2/3建立于2003年以后。主权财富基金对外投资的飞速增长，从2000年的约

① 李慎明．当前资本主义经济危机的成因、前景及应对建议［J］．世界历史，2009（3）．

1.2 万亿美元扩张到 2008 年的约 1.8 万亿美元；另一方面也说明主权财富基金的投资风格由低调沉稳而趋向激进，2008 年全球 32 只主权财富基金的总投资价值相当于 2000 年 14 只主权财富基金交易价值的 31.74 倍，大大超过其规模增长速度。[①] 截止到 2009 年 8 月，全球已有约 40 个国家或地区设立了自己的主权财富基金，总规模约为 3.7 万亿美元，伦敦国际金融服务协会（FSL）(2009) 认为总规模为 3.9 万亿美元。但需要指出的是，该数据是一个估计值，其原因在于许多主权财富基金的不透明性。

大量的投资资金在全球金融市场上寻找投资产品，也促使金融衍生工具迅速膨胀。按国际清算银行数据，2007 年全球衍生金融产品市值为 681 万亿美元，与全球 GDP 相比为 13：1。2007 年美国 GDP 近 14 万亿美元，与其金融衍生品比竟为 1：29。虚拟经济的过度膨胀是造成 2008 年全球金融危机的一个重要原因。此外，国际市场上的重要资源定价机制已经越来越与金融市场相联系，在流动性过剩的条件下，一些资源性产品的保值功能促使过多的资金追逐，2004 年世界市场的黄金和石油价格一度飙升，就是因为人们预期美元贬值。

4.2 中国的流动性、资产价格与通货膨胀

在美国、日本、欧盟等发达国家纷纷实行宽松的货币政策，世界市场上的货币流动性膨胀的同时，中国作为一个开放的、迅速发展中的经济体，也面临着货币供给量增长迅速、银行存贷差扩大，以及过剩的流动性带来的资产价格上涨问题。

① 王遥. 主权财富基金的总体投资趋势研究［J］. 中国流通经济，2010（1）：78.

4.2.1 流动性过剩在中国的凸显

1999 年开始中国的国际收支出现持续的双顺差，在人民币升值预期的影响下，2002 年中国的资本和金融账户顺差突然大幅度增加，2003 年资本和金融账户的顺差达到了 527.3 亿美元，超过了经常项目 458.7 亿美元的顺差，2004 年继续增加到 1106.6 亿美元，直到 2005 年人民币汇率改革从而真正升值后，我国的资本和金融项目顺差才降到经常项目顺差以下。与此同时中国外汇储备迅速增长，2003 年末外汇储备比 2002 年末增加了 40%，随后继续迅速增长到 2010 年末的 2.9 万亿美元，居于世界第一位。外汇储备增长引起了外汇占款的增长，中央银行因为外汇占款而投放的货币供给相应快速增长（见图 4.4）。中国的货币供给量 M_2 从 2002 年开始加速增长，2001—2002 年人民银行主要运用公开市场操作手段来调节货币供给，货币政策相对宽松。总之，在 1998—2006 年期间，中国为了化解亚洲金融危机的冲击，实行了宽松的货币政策，继而世界主要国家宽松的货币政策下，迎来了国际资本的大量流入，我国的外汇占款所导致的基础货币投放增加，人民银行在此期间几次调低外币存款利率，也无法阻止境外热钱的大量涌入，这些因素已经

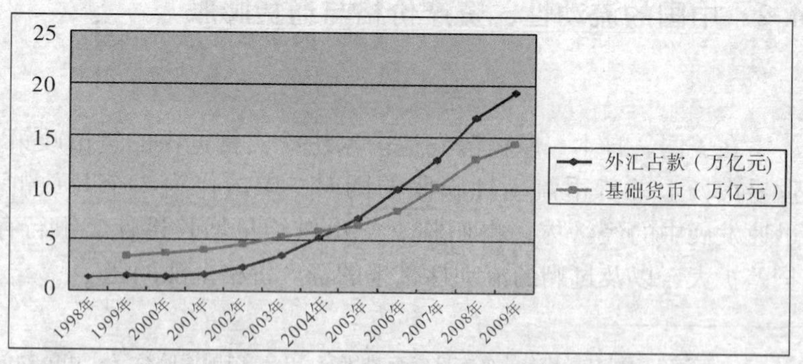

图 4.4 1999—2009 年外汇占款与基础货币

为国内流动性过剩埋下伏笔。

中国的流动性过剩问题首先在商业银行体系中表现出来。自 2005 年开始，各类媒体和学术文献开始关注中国商业银行体系内的流动性过剩现象：①银行存差急速扩大。2001—2005 年各年年末人民币存贷差分别为 3. 13 万亿元、3. 96 万亿元、4. 91 万亿元、6. 32 万亿元、9. 25 万亿元，2006 年 6 月末达到 10. 32 万亿元，流动性过剩加剧的态势十分明显。[①] 截至 2005 年年末，存款增速高于贷款增速 3. 71 个百分点，是 2000 年的 3. 8 倍；金融机构存差达到创纪录的 9. 2 万亿元，占存款余额的 32%；存量的贷存比为 68%，新增量的贷存比为 53. 6%[②]。②银行拥有的超额准备金过多。金融机构在中央银行的超额准备金由 2000 年年末的 4000 亿元增长到 2004 年末的 12 650 亿元，年均增长率高达 32. 9%，截至 2005 年 12 月末，全部金融机构超额储备率达 4. 17%。[③] 这些现象已经不能单从银行惜贷，金融市场发育滞后等传统的角度来解释。银行系统内部的流动性过剩其实是过多的货币供给的一个表象。

从宏观货币流动性的层面来看，中国的流动性过剩也比较明显。对于判断流动性在哪一点开始过剩，以及过剩的规模有多大，一直是个很难精确计算的问题。对于货币超额发行的衡量，人们一般遵循的思路是：货币的供给应该是为了满足经济增长与价格上涨而带来的交易的需要，因此用 M_2 的增速是否快于 GDP 增速和 CPI 之和来判断货币超发的存在。从图 4. 5 可以看出，从 1999 年至今，中国的 M_2 增速一直远远高于 GDP 增速与 CPI 增长率之和，只在 2007 年由于流动性过剩带来了股市和

---

① 邹新. 世界流动性过剩挥之不去［J］. 银行家，2006（9）.

② 朱庆. 解读当前市场流动性过剩［J］. 上海经济研究，2006（10）.

③ 连建辉，翁洪琴. 银行流动性过剩：当前金融运行中面临的突出问题［J］. 财经科学，2006（04）：5 - 11.

房地产的泡沫问题，央行屡次提高存款准备金率和利率，并配合央票等手段加大回收流动性的力度，流动性过剩状况一度有所缓解。但是在2008年以后，货币政策转向宽松，超额货币的发行呈现喇叭口形的放大，2010年随通货膨胀出现货币超发幅度有所下降。

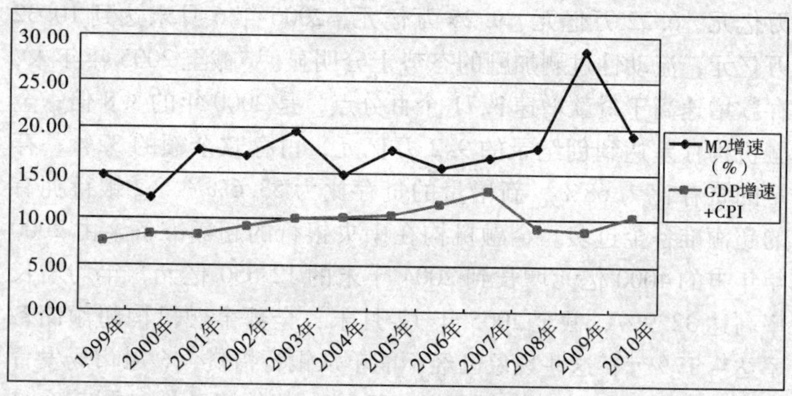

图4.5　1999—2010年中国的货币超发状况

我们也可以从经济货币化[①]的角度来分析流动性过剩，中国的市场经济改革，使得经济货币化的过程加快，随着进入市场交易的商品和资源的增加，超额的货币供给被经济货币化吸收。弗里德曼（Milton friedman）和施瓦茨（Anna J. Schwartz）等经济学家就20世纪60年代主要国家经济货币化的比重进行了分析，从而得出一个结论：经济货币化比率的差别基本上反映了不同国家的经济发展水平，货币化比率与一国的经济发达程度呈现明显的正相关关系。也就是说，一国经济的货币化比率应该与该国经济的发展程度相适应，因此 M_2/GDP 这个传统指标成为国际上通用的衡量流动性的公式。我国的 M_2/GDP 自1995

① 所谓经济货币化，是指经济活动中以货币为媒介的交易份额逐步增大的过程，它可以用广义货币 M_2 占 GNP（或 GDP）的比值（M_2/GNP 或 M_2/GDP）来表示。

以来呈现快速上升势头：1995 年为 104%，2000 年达到 137%，2006 年达到 159%，随后由于中国货币政策的紧缩而稍有下降，但是到 2009 年又高达 179%，而 2009 年美国的 M_2/GDP 也不过 60. 64%。可见，中国的经济已经过度货币化，货币相对于经济发展的需要而言存在着明显的过剩。

在 1998 年亚洲金融危机之后的期间，美国、欧洲和日本实行低利率政策，主要发达国家的货币供给增速加快，G5 的 M_2 供给量占 GDP 的比重从 1997 年的 18% 增加到 2006 年的 32%，全球流动性过剩状况形成。在此期间中国的流动性过剩伴随着世界经济周期和国际流动性的膨胀而逐渐明显并加重。详细数据指标见表 4. 1。

表 4. 1　　1999—2009 年中国主要宏观经济指标

年份	1999	2000	2001	2002	2003	2004	2005	2006	2007	2008	2009	2010
M_2 增速	14. 74	12. 35	17. 61	16. 87	19. 57	14. 87	17. 55	15. 7	16. 74	17. 8	28. 41	18. 96
M_1 增速	17. 44	15. 94	12. 81	18. 36	18. 62	14. 15	11. 77	17. 43	21. 03	8. 98	33. 21	20. 42
外汇储备增速	6. 70	7. 05	28. 14	34. 99	40. 8	51. 25	34. 26	30. 22	43. 32	27. 34	23. 28	18. 68
GDP 增速	7. 62	8. 43	8. 30	9. 08	10. 00	10. 10	10. 40	11. 60	13. 04	9. 00	8. 70	10. 30
M_2/GDP	1. 32	1. 36	1. 44	1. 54	1. 63	1. 59	1. 62	1. 6	1. 52	1. 51	1. 79	1. 82
M_1/GDP	0. 5	0. 54	0. 55	0. 59	0. 62	0. 6	0. 58	0. 58	0. 57	0. 53	0. 65	0. 67
通货膨胀率	−1. 4	0. 4	0. 7	−0. 8	1. 2	3. 9	1. 8	1. 5	4. 8	5. 9	−0. 7	3. 3

资料来源：根据中国人民银行网站、中经网统计数据库、CSMAR 系列研究数据库经作者计算整理。

4. 2. 2　人民币内外价值的背离：对外升值与对内贬值并存

自从 2002 年以来，随着中国的国际收支双顺差和外汇储备的积累，美国、日本、欧盟等主要发达国家要求人民币升值的压力越来越大。2005 年 7 月 21 日人民币汇率形成机制改革以后，人民币一直处于升值的通道中，2005 年 7 至 2010 年 5 月，人民币汇率对美元升值 21%，实际有效汇率升值 16%。但是来自外部的升值压力却一直没有缓解，对于人民币升值的预期也一直没有发生逆转。

另一方面，2008 年金融危机的爆发终止了中国紧缩性货币政策的步伐，中国也不得不跟随发达国家量化宽松的货币政策而实行一系列的刺激经济措施。2009 年中国的 M_1 和 M_2 增速分别高达 33.21% 和 28.42%。从国内通货膨胀率来看（见表 4.1），从 2003 年以来通货膨胀率就逐渐上升，直到 2008 年达到了 5.9% 的水平，虽然 2009 年物价水平为负，但是随着宽松货币政策的财政政策的实施，2010 年中国的物价水平再一次上升，2010 年 8 月份的 CPI 同比增长 3.5%。人民币对内贬值的状态已经非常明显。

人民币这种对外升值对内贬值的现象已经持续多年，这种违背一价定律的客观现实不容忽视，我们不能仅仅从一价定律的严格假设不满足来解释。本书认为，人民币这种内外价值背离恰恰反映了进入 21 世纪以来中国的外部经济环境和内部发展战略的现实。自从 2001 年正式加入 WTO 以后，中国的对外开放进一步向纵深化发展，出口导向的特征更加明显。而欧美日等发达国家在 2001 年以后纷纷实行宽松的货币政策，使得全球意义上的流动性泛滥，过多的国际流动性充斥在世界经济体系之中，必然有贬值的压力，相应地，人民币就有升值压力。而全球流动性通过贸易和投资等渠道输入到中国，导致并加剧了中国国内货币供给的迅速增加，而人民币在当前缺乏流出的途径，在国民经济体内就会产生物价上涨从而对内贬值的压力。

人民币对外升值、对内贬值是有目共睹的，这一方面吸引热钱流入中国，另一方面吸引储蓄流入股市房市，从而必然推高中国的资产价格和通货膨胀率。

4.2.3 中国的流动性过剩与资产价格

如果一个国家的货币供给量增长迅速，那些超过经济增长和交易正常需要的过剩流动性必然要在某些经济领域反映出来。货币供给量过快增长所带来的流动性首先就会直接流入金融市场，从而推动各种金融资产的数量膨胀和价格的上升。中国的金融市场还非常地不发达，间接融资仍然是企业的主要融资方式，因此流动性过剩首先就在商业银行体系中表现出来——商业银行体系内部存差累计扩大。过剩的流动性不能够被实体经济增长所利用，就形成了充斥在金融市场上的投机资金。在欧美等国家有种类和数量繁多的金融产品可供买卖，但是在中国能够吸收投机性资金的资产匮乏，因此大量的投机资金涌入了股票和房地产市场。在国际和国内流动性过剩的背景下，中国的股票市场和商品房市场必然会受到影响，事实上，2003—2007 年，流动性过剩和大量热钱的涌入直接推动了中国股票和房地产价格的上涨，并形成一定程度的泡沫。

4.2.3.1 流动性过剩与股市泡沫

我们先来看中国的 A 股市场，亚洲金融危机后从 2001 年起中国的 A 股市场开始走低，以后一直在低位徘徊，2005 年上证指数在触到 998 点的低点后，开始迅速走强。短短两年的时间内，中国的股市实现了奇迹般的上涨，达到了 2007 年的 6124 点的顶峰。在人们还在争论和论证股票市场到底存不存在泡沫的时候，泡沫已经吹大并伴随着次贷危机和全球金融危机的爆发而瞬间破灭。2008 年中国股市经历了一轮过山车，从 5522 点一度跌到 1624 点，见图 4.6。

中国 A 股的这次大牛市行情，其直接的背景和原因就是流动性过剩。结合表 4.1 的数据可以直观地看出，中国的货币供给增速、外汇储备增速、通货膨胀率和上证指数的走势基本一致，2007年上证指数达到了历史最高点，同时 M_1 增速为21.3%，外汇储备增速达到43.32%，通货膨胀率也上升到了4.8%，达到十多年来的最高水平。周爱民等（2010）对我国1991—2008年的股市泡沫进行了实证研究，结果证明泡沫主要出现在这几个阶段：1996年3月至1997年5月；2000年以及2006年6月至2007年9月；且最后一个时段的泡沫最为严重。① 关于中国的股票价格与超额货币供给之间的关系，已经有许多实证研究成果提供了证据。贺建清（2009）从流动性过剩的视角出发，选取了2006年1月至2007年12月的月度数据，通过建立回归模型，利用协整分析、格兰杰因果检验、误差修正模型和脉冲响应函数，研究广义货币和外汇储备对股市波动的影响。研究结果表明：广义货币与外汇储备是上证指数、深圳指数波动的Granger原因。②

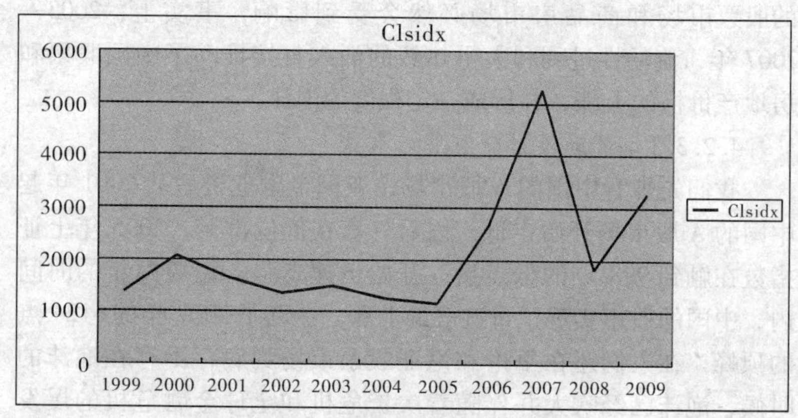

图4.6　上证指数年收盘价走势图

---

① 周爱民，等. 基于三分状态MDL方法度量我国股市泡沫［J］. 南开大学学报（自然科学版），2010（2）：92－98.

② 贺建清. 流动性过剩对股市波动的影响［J］. 山东商业会计，2009（4）：35－40.

4.2.3.2 流动性过剩与商品房价格的迅速上涨

中国的住房市场化改革是从 1998 年才开始的，商品房市场还处于初期的快速发展但是不完善阶段，保障性住房制度缺失，房地产市场主体的利益关系还没有理顺。但是随着流动性过剩的出现，房地产作为投资品成为股票之外的另一个被炒作对象。2005 年人民币升值之前，由于升值预期而吸引了大量的境外热钱提前进入中国，这些投资资金并不是真正追求实体经济的利润，而是直接进入了中国的房地产和股市，从而推高了房价。再加上国内货币投放量的过快增长，流动性过剩也促使国内大量的投机资金进入房地产市场。全国的整体商品住宅价格从 2005 年的不到 3000 元/平方米一路上涨到 2009 年的 8000 元/平米。① 而商品房市场又是一个地区分割的市场，在北京、杭州和上海等东部沿海一些城市，其房价已经达到 2 万元/平方米以上，过高的房价已经成为最受关注的一个经济与民生问题。

2003 年开始，房地产行业成为外商进入中国的第二大投资行业。外资进入我国房地产主要涉及购房投资和开发两个领域。从 2001 年到 2004 年，房地产开发投资中实际利用外资的规模稳步提高。2004 年房地产行业合同利用外资金额和实际利用外资金额分别达到了 134.9 亿美元和 59.5 亿美元，呈现出了快速增长的趋势。就外国直接投资进入房地产的规模估测，各方意见不一。有人初步估测 2004 年进入到中国房地产行业的外资规模大约在 220 亿美元，以此计算，2003 年到 2005 年一季度，外资在开发环节的比重在 15% 左右，在销售环节的比重在 25% 左右。② 宋勃、高波（2007）利用我国 1998—2006 年的实际利用外资和房地产价格的季度数据建立误差纠正模型（ECM），使用

① 唐根年，等. 房地产价格上涨的基础支撑面及其市场风险预警研究［J］. 经济学家，2010（6）.

② 外资投资中国房地产报告［N］. 经济日报，2005-09-28.

Granger 因果检验方法对我国的房地产价格和国际资本流动的关系进行实证检验。结论认为短期而言，房地产价格上涨吸引了外资的流入；长期来说外资的流入对我国的住房价格上涨产生了影响。

虽然 2007 年开始国家就出台了一系列的宏观调控措施来遏制房地产市场的过热问题，但是中国的商品房价格始终没有出现实质性的下跌，在经历了 2008 年的短暂调整以后，2009 年为了应对金融危机而接着实行了宽松的货币政策，于是中国的房价再一次高涨。

4. 2. 3. 3　流动性过剩与通货膨胀

根据经济学的一般原理，货币供给过多必然会带来通货膨胀，虽然很多实证研究证明这种效应具有一定的滞后效应。从 1999 年开始，中国的货币供给速度一直处于 10% 以上，但是在 2003 年之前，通货膨胀率（CPI 指数）却一直没有明显的上升，可以说中国经济在这个阶段仍然处于通货紧缩的阴影下。国内曾经有些学者质疑大量的货币供应量都去了哪里。一般认为货币量增加的同时伴随着货币流通速度的减缓，货币增量主要流入了股市等资本市场，所以宽松的货币政策对经济的刺激效应甚微。但是到了 2003 年，通货膨胀率开始转负为正，达到了 1.2%，此后的通货膨胀率一直在上扬的趋势之中，中国的经济已经在承受着通货膨胀的压力。2007 年通货膨胀率达到了 4.8%，已经出现了明显的通货膨胀，在经济刺激政策的影响下，2008 年中国的 M_2 增速仍然高达 17.8%，并且我国并没有发生像欧美国家那样的明显的金融危机和流动性枯竭，所以中国的流动性过剩状况始终没有根本的改变。2008 年末 CPI 增长率达到 5.9%，为了保持经济增长而不得不忍受了一定的通货膨胀。2009 年是中国积极财政政策和货币政策实施力度最大的一年，因此，2010 年第一季度开始，通货膨胀率再一次上升，通货膨胀压力再次加大，2010 年 11 月通货膨胀率达到 4.4%，通货膨胀已经比较明显。2011 年，政府已经把控制通货膨胀作为经济调控的首要任务，预期通货膨胀率 5% 左右，央行连续调高金融机构存款准备金率，货币政策从积极转向了稳健。

综上所述，过剩的货币流动性会带来资产价格的上涨以及泡沫的出现，并且迟早会产生通货膨胀的压力。这些已经被许多实证研究和中国宏观经济的实践所证实。自从亚洲金融危机过后到美国金融危机全面爆发期间，中国经济确实存在着明显的而且持续的流动性过剩问题，并且已经在各个相关方面有所反映。

4.3 中国流动性过剩的内因与外因——理论分析

遵照马克思主义哲学的认识，我国国内很多学者在分析问题的时候往往以“内因是事物发展的根本原因，外因是事物发展的必要条件”的逻辑，首先从国民经济内部的缺陷入手寻找流动性过剩的根源。这样的分析视角是重要的而且合理的，但是在全球化已经深度影响中国经济的今天，如果仅仅从中国经济内部来分析，难免会犯先入为主和偏颇的错误。比如“非典”的流行，我们不能说人类感染“非典”并且没有抗御这种病毒的能力，是因为人类免疫系统自身的不完善——人体不可能对所有未知的病毒天然具有免疫力。众所周知“非典”的主要原因是人体外部的病毒变异和侵袭，再加上人体免疫系统没有对抗这种未知病毒的能力。虽然我们要从内部免疫力的方面来抵御非典，但是不能把直接原因归结为内部缺陷。同理，中国的流动性过剩，其产生的根源和影响因素必然是错综复杂的，既有中国经济结构和增长方式的原因，更有全球经济一体化和外部经济金融环境的原因。经济活动是不可重现的，不能像自然科学那样可以限定条件反复地重现来做试验。全球化是全世界从来没有经历过的现实过程，世界各国经济和政策的变动，都会影响和改变全球经济系统，从而会影响在这个系统内部的各国经济体。因此，造成中国流动性过剩的原因，既有内部的又有外部的，两方面都要考虑，至于哪方面是直接原因，还有待下文的进一步具体分析。

4.3.1　流动性过剩的内部原因

现代市场经济是信用经济，各国的货币也演变成信用货币。经济增长和人类交易活动的发展，都需要相应的货币作为媒介和手段。从这个方面来看，长期的经济增长必然伴随着货币供给量的增加。如果暂时不考虑外部资本输入问题，流动性过剩的内部原因应该是指央行为满足国内经济发展需要通过信贷渠道而投放的货币供应量过多。如果中国的流动性过剩主要是内部原因导致的，那么，可能的原因是中国经济增长过快或者投资过猛、利率过低等。然而中国经济的上述特征可以说自从改革开放以来一直存在，但是流动性过剩问题却是在中国加入世界贸易组织（WTO）之后，全球流动性过剩出现以后才凸显的。因此，我们认为内因并不是中国流动性过剩的直接原因，这一点我们将在随后的实证分析中给予证明。

4.3.1.1　中国经济的高速增长

自从1992年以来，中国经济增长速度一直在创造着奇迹，中国GDP增长速度大多数年份都在8%以上，在1992—1996年、2003—2007年这两个期间，GDP增长率均超过了10%（上年=100）。但是流动性过剩的状况却没有在1992—1996年期间出现，而只在2003—2007年期间出现，可见其有一定的特定历史特征。再进一步结合货币政策来分析，如果货币供给量的增加是由于经济增长引起的，这两者应该存在一致的走势。我们可以借助朱庆的超额货币变化率指标（EM）来衡量货币供给量是否增长过度：超额货币变化率 = 货币供给增长率 - 经济增长率 - 物价上涨率。利用表 4.1 的相关数据，计算出中国的超额货币变化率，结果见表 4.2。在 1999—2003 年，超额货币变化率较高，同期 GDP 增长率却相对较低；2004—2008 年期间，GDP 增长率上升，虽然货币供给增长率也上升，但是超额货币变化率下降，2007 年由于通货膨胀率较高，导致超额货币变化率为负。可以看出，中国的货币供给表现为逆周期调控的特征，而且与世界其他主要国家的情况不同，中国狭义货币 M_1 增长率高于广义货币供给 M_2 的增长率，也反映出金融市场不发达，中央银行对货币供给的控制力相对较强些。因此，并没有证据显示是中国的经济增长导致了流动性过剩。

如果再回溯一下中国的货币供给增长率，还会发现一个疑问：在 1991—1996 年，中国的广义货币 M_2 增长率也一直处于高的水平，分别为 26.52%，31.28%，37.3%，34.53%，29.27%，25.26%。但是当时的超额货币供给并没有带来相应的通货膨胀和流动性过剩问题，学术界一度认为这些增发的货币由于货币流通速度下降而没有产生刺激经济的效果。裴平、熊鹏（2003）认为，是政策传导机制存在缺陷，货币政策传导中存在"渗漏"效应，大量货币不是被传导并作用于生产、流通和消费等实体经济环节，而是"渗漏"到股票市场和银行体系，这些"渗漏"的货币在经济形势好转的情况下，就会又通过股票市场和银行体系回流出来，造成市场流动性过剩。这种现象也可以用经济货币化来解释：在计划经济时代，只有消费品是投入到流通当中的，而生产资料和资产是不进入市场的。而改革开放 30 多年来，情况发生了变化，就需要货币的供给和扩张。特别是在过去10年，生产资料的市场化正在不断深化，包括土地和房地产的市场化改革，矿产资源的市场化开发，包括证券市场在内的各类金融市场建设都很大程度上吸纳了央行超额的货币供给，这也在相当程度上保证中国经历了一段高增长、低通货膨胀的时期。从这个角度来看，2002—2007年的流动性过剩，也许还有一个历史积累的作用，当中国经济的货币化过程已经达到一定程度以后，流动性过剩开始推高价格，包括资产价格与一般物价水平。本书认为还有一个重要的原因是在2003—2007年，中国面临着全球流动性过剩、国际收支双顺差和人民币升值压力的环境，而这些情况在1992—1996年却不存在。

表4.2　　中国的超额货币变化率

年份	1999	2000	2001	2002	2003	2004	2005	2006	2007	2008	2009
EM_1	11.22	7.11	3.81	10.08	7.42	0.15	-0.43	4.33	3.19	-5.92	25.91
EM_2	8.52	3.52	8.61	8.59	8.37	0.87	5.35	2.6	-1.12	2.90	20.41
GDP增速	7.62	8.43	8.30	9.08	10.00	10.10	10.40	11.60	13.04	9.00	8.70

4.3.1.2　经济发展模式与结构失衡

相对于投资和出口的高速增长，我国的消费近年来虽有增长加快的趋势，但仍远落后于前二者的增速。特别是2002年以来投资增长的速度持续超过消费增速，投资与消费的比例失衡问题加剧，消费相对落后使大量资金沉淀在银行体系内部循环，造成银行体系内的流动性过剩，过高的储蓄率可以作为这一分析的证据。有学者（卢万青、魏作磊，2008）认为投资与消费的结构失衡是造成中国流动性过剩的内部原因。另一方面，消费不足必然也使得经济增长模式过分依赖投资和对外出口，出口导向的增长方式带来大量的贸易顺差，外汇储备和外汇占款增加，从而外部资本输入带来流动性过剩，这是流动性过剩的外部原因。因此，投资与消费的结构失衡从内部和外部两个方面导致中国的流动性过剩，也不能将此单纯归结为内部原因。

4.3.2 流动性过剩的外部原因

上文分析中提到过，中国的流动性过剩之所以发生在2002—2007年，而不是M_2增长率更高的1992—1996年，是有其特定的客观历史条件的。这两个阶段差别最明显的就是外部世界经济的大背景不同。全球化是一个逐渐深入而势不可挡的过程，2001年中国加入WTO后，就使得中国更加广泛深入地参与到国际分工生产和世界市场之中，依靠劳动力优势而承接国际产业转移并在低附加值加工制造环节具有了比较优势；1997年亚洲金融危机的冲击使得中国的货币政策趋向宽松，人民币汇率与美元之间的锁定关系也更加明显；再加上2001年美国互联网经济泡沫破灭，为了刺激经济增长，美、欧也开始大量发行货币；而日本更是实行着长期的低利率政策，日元在国际市场之间的套利流动频繁，规模巨大。这些特定的世界经济大环境下，才出现了全球流动性膨胀过程中的中国流动性过剩。上一节主要分析了造成中国流动性过剩的内部因素，本节则主要分析造成中国流动性过剩的外部原因。

4.3.2.1 持续的国际收支双顺差

进入20世纪90年代，除个别年份外，中国的国际收支就开始呈现出双顺差的状况。从2001年开始，无论是经常项目还是资本与金融项目，顺差的规模迅速扩大。很多学者认为在过去20多年中，中国的经济发展战略可以概括为出口和FDI驱动型。中国的双顺差是多年“奖出限入”的传统思想和对外资实施“超国民待遇”等经济政策，特别是加工贸易型FDI优惠政策综合作用的结果。地方政府在招商引资规模和出口创汇量绩效衡量的体制下，不断利用优惠政策吸引FDI，而企业倾向于利用外资获得资金支持和各种税收减免优惠。而中国的外向型经济发展战略也正好遇到世界经济增长的一个高峰：2003—2007 年，世界经济年均增长率为 5.5%。

经常项目顺差从 2000 年的 205.2 亿美元增长到 2008 年的 4261.1 亿美元，8 年增长了 20 倍。而经常项目顺差显示中国实际上出现了生产资源的净流出，中国通过净出口向世界输出商品和要素，而输入的外汇大部分以储备资产（美国国债）的形式闲置起来。中国经济另一个特别之处在于，在国内高储蓄的情况下，仍然存在大量外部资本的输入，FDI 的流入构成了资本项目顺差的主体。自 2001 年开始，资本项目顺差迅速扩大，从 2000 年的 19.22 亿美元达到 2004 年的 1106.6 亿美元，四年增长了 56 倍。资本项目顺差一度超过经常项目顺差，直到 2005 年人民币汇率改革从而人民币升值后，才有所减缓。国内学者认为，资本项目顺差意味着内部资本形成机制具有较严重的局限，李扬等（2005）认为国内金融部门效率不高，为了防止效率低下的金融部门阻碍劳动力的转移，在开放经济条件下，需要引入纯粹金融意义的国际直接投资来分配储蓄资源，以便国内储蓄能够顺利投入到国内劳动力的转移过程中去。但是中国高投资引起资本、金融账户顺差的同时，经常账户也是顺差，说明来自于资本和金融账户的顺差并没有为中国融资。余永定、覃东海（2006）[①] 也采用投资储蓄不平衡分析方法，解释为什么 FDI 并没有为中国融资，认为在经常账户为顺差的前提下，FDI 挤出了国内投资。

国际收支的双顺差无疑反映了国际资本通过贸易和投资等渠道输入中国，在中国的外汇管理体制下，这些流入中国的资

① 余永定、覃东海. 中国的双顺差：性质、根源和解决办法［J］. 世界经济，2006（3）.

本首先就会被商业银行进而被中央银行购买，从而也投放相应的人民币，因此造成国内流动性过剩。

4.3.2.2 外汇储备与外汇占款直接带来流动性过剩

外汇储备与外汇占款可以看作是一枚硬币的两面。外汇占款（Funds outstanding for foreign exchange）是指中央银行收购外汇资产而相应投放的本国货币。中央银行购买外汇形成本币投放，所购买的外汇资产构成银行的外汇储备。如前所述，国际收支的巨额顺差，引起了外汇储备的大量增加，进而带动了外汇占款的迅猛增长。虽然中央银行可以通过多种冲销干预的方式来回笼过多投放的基础货币，但是从我国的现实情况来看，在国际收支顺差不断增加的情况下，通过公开市场业务回收流动性的速度赶不上外汇占款增加的速度。尽管从2003年以来，央行不断加大公开市场业务操作，通过发行票据及提高存款准备金率等手段进行对冲操作，货币回笼速度仍赶不上外汇占款增加速度。到2009年底，我国外汇储备余额达到了2.4万亿美元，外汇占款余额已达到19.31万亿元人民币，同期 M_1 存量为22.14万亿，大致估算可以看出，由外汇占款导致的货币发行占 M_1 的87%以上。另外，央行以前发行的大量票据也面临到期的问题，对冲的成本越来越大。而这些未能冲销的流动性则主要流入银行系统，在经过乘数效应的放大之后，就成为经济体系流动性过剩的一条重要渠道。

刘骏民（2010）① 认为，外汇占款对流动性影响的最大问题就在于：由外汇占款引起的货币增发在国内是无任何产品和服务相对应的。例如，中国企业出口100亿美元产品之后，会收到100亿美元外汇，如果按1∶7的比例兑换人民币，境内就增

① 刘骏民. 利用虚拟经济的功能根治我国流动性膨胀［J］. 开放导报，2010(1)：5-11.

发了700亿元人民币。产品在境外，境内增发的人民币没有对应的产品和服务。在现代货币缺乏自动退出机制的背景下，货币的内生性远远小于西方发达国家，人民币更缺乏自动退出流通领域的机制，从而这些被动投放的流动性出现过度膨胀的状况。

4.3.2.3 人民币汇率与升值预期带来的外部资本流入

随着中国经济高速增长，劳动生产率不断提高，持续扩大的双顺差带来外汇储备的增长，必然会产生人民币升值的压力和预期。自从2002年开始，美国、日本等国家开始对人民币盯住美元的汇率制度进行抨击，认为中国通过压低人民币汇率向世界输出通货紧缩，进而鼓吹人民币升值。人民币升值压力和预期日渐明显，国际资本为了追求人民币升值的收益而通过各种途径涌入中国。这些热钱进入的目的主要是赌人民币升值，不会进入实体经济领域，但是却可以流进股票和房地产市场，从而推高中国的资产价格。对于热钱的规模国内学者从不同的角度进行了测算：尹宇明（2005）[①] 根据国际收支平衡表中净误差与遗漏项目为基础的直接法，估算得到：2002—2004年流入我国的热钱规模测算值分别为18.14亿美元、622.88亿美元和639.58亿美元，三年共流入热钱规模估计超过1000亿美元。万光彩（2009）[②] 基于误差与遗漏项目和经常项账户下收益汇出项目两种热钱流出渠道，分别估测了两种热钱规模。估测结果表明，误差与遗漏项目下的热钱在2004年和2007年发生了大规模的流入，截至2008年上半年，其规模为2450.42亿美元，仅为外汇储备存量的13.55%；而经常项目下收益汇出渠道的热钱则

① 尹宇明，陶海波．热钱规模及其影响［J］．财经科学，2005（6）：131－137.

② 万光彩．中国的热钱规模究竟有多大？——基于热钱流出渠道的估算［J］．世界经济研究，2009（6）．

随着FDI存量的逐步增加而不断积累，2003年以来其规模已经高达4254.82亿美元。热钱进入中国的渠道主要有四个：一是虚假的贸易顺差，二是虚假的外商直接投资，三是地下钱庄，四是个人汇款。

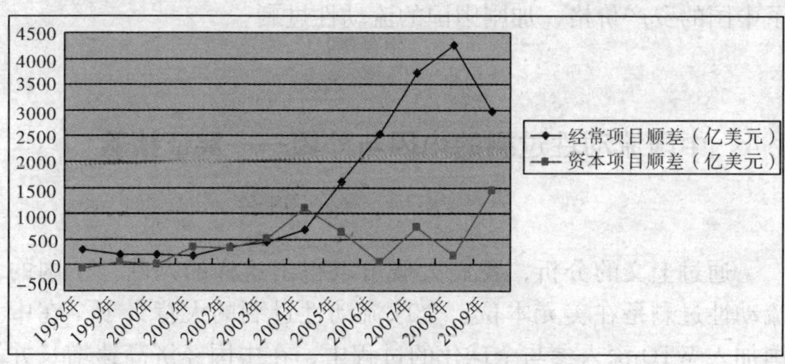

图4.7　中国的国际收支双顺差走势

从图4.7可以看出，资本项目的顺差走势很明显地反映出人民币升值的预期效应：从2000年开始资本项目顺差开始加速上升，从2000年的19.22亿美元猛增到2001年的347.75亿美元，到2004年资本项目顺差达到了1106.6亿美元的高点，2005年人民币开始进入实际的升值轨道后，当年的资本项目顺差回落到629.6亿美元。根据这一特征也可以估计，热钱应该主要是通过资本项目流入中国的。2009年中国的资本项目顺差又一次急剧增加，同时热钱流入又成了热门话题。2009年外汇储备增加了4531.22亿美元，当年的外贸顺差（2201亿美元）加上外商对华直接投资（782亿美元）共2983亿美元，以两者之差大概估算的热钱流入占了当年外汇储备的34%。2010年开始，国际社会又在讨论人民币升值的话题，虽然自2005年人民币汇率改革之后，人民币已经对美元升值了20%左右，但是仍然有很多的人认为中期来看人民币还要继续升值。在人民币升值预期没有彻底消失的情况下，再加上世界经济遭受金融危机的重创，大量的投机资金充斥在国际市场，其必然将投资对象瞄准经济发展速度较快中国市场。

大量外部资本的流入加剧了中国金融市场的动荡，也推高了中国的资产价格，加剧中国的流动性过剩。

4.4 中国流动性过剩的内因与外因——实证检验

通过上文的分析，我们大概可以得出这样的判断：中国的流动性过剩是在美元本位、全球流动性过剩的大背景下，在中国加入 WTO 深入参与全球化的过程中，在中国经济高速增长并存在结构性缺陷的条件下产生的。仅仅凭借上述分析，还不能断定到底是哪种因素主要导致了中国流动性过剩，为了更加明确地认识造成流动性过剩的主要原因，本节将进行必要的实证分析。

造成流动性过剩的内因和外因，并不是要做一个非此即彼的选择。经济问题通常都不是简单的关系，我们的目的主要是验证中国的过度货币供给，从而流动性过剩的国内和外部因素，哪一方发挥了主要的作用，因此没有囊括所有的影响因素。

4.4.1 变量的选取与数据平稳性检验

本书把导致货币供给增加的原因分为外部原因和内部原因，外部原因是指外汇储备引起的货币供应量变化，内部原因是指央行为满足国内经济发展需要投放的货币。为检验外部原因和内部原因对货币供应量的影响，本书选取了 1990—2009 年外汇储备即 R、经济总量即 GDP、基础货币即 BASE。[①] 上述实证分析数据源自中国人民银行网站、中经网统计数据库、CSMAR 系列研究数据库（详细数据参见附表）。为了便于分析变量间的关系，本书对数据进行了处理。首先，用 CPI 指数对三个变量进行调整，将名义变量变为真实变量。并对三个变量取自然对数得到 LNR、LNGDP、LNBASE。其次，作为时间序列数据，数据是否平稳是选取实证分析方法的基础。对数据之间是否存在长期协整关系的检验也要求数据服从单整阶数相同。为此，本书运用 EViews5.1 对变量的单位根进行了 ADF 检验。检验结果见表 4.3。检验结果说明即使将显著性水平放宽至 10%，各变量仍存在单位根，为不平稳序列。对其一阶差分进行检验的结果表明，变量 LNR 和 LNGDP 的一阶差分在 1% 的显著性水平下拒绝有单位根的原假设，变量 LNBASE 的一阶差分在 5% 的显著性水平下拒绝有单位根的原假设，为平稳序列。上述检验结果说明三个变量在 5% 的置信水平下均为服从 I（1）过程的不平稳序列。

表 4.3　变量 ADF 检验结果

	检验方程类型	t 值	概率		检验方程类型	t 值	概率
LNR	无截距 无趋势	5.7463	1.0000	DLNR	无截距 无趋势	-2.5471 ***	0.0002
LNGDP	有截距 无趋势	-1.1914	0.6541	DLNGDP	有截距 无趋势	-6.4868 ***	0.0019
LNBASE	有截距 无趋势	-1.2471	0.6298	DLNBASE	有截距 无趋势	-2.1034 **	0.0381

注：其中 D 表示向后一阶差分，* 表示在 10% 的水平上拒绝原假设，** 在 5% 的水平上拒绝原假设，*** 在 1% 的水平上拒绝原假设。下同。

① 选择基础货币而不是 M_1 和 M_2，主要是因为外汇储备直接通过外汇占款引起基础货币的变化，而 M_1 和 M_2 是经过了国内银行体系派生过了的货币供给，加入了其他的经济影响因素，也许会掩盖货币供给的真正原因。对 M_1 和 M_2 的详细分析不是本书所要研究的内容。

4.4.2 实证分析

4.4.2.1 协整分析

变量的平稳性检验的结果表明 LNR、LNGDP、LNBASE 均为服从 I（1）过程的不平稳序列。因此，可对这三个变量进行 Johansen 协整检验。由表 4.4 知，迹统计量表明，三个变量在 1% 的置信水平下存在一个协整关系，说明 3 个变量间存在一个共同趋势和两个随机趋势，这表明变量的波动从某种程度上可以经由其他变量所形成的信息集加以预测。

表 4.4　　变量的多元 Johansen 协整检验

原假设：协整方程的数量	特征值	迹统计量	5% 的临界值	P 值
None ***	0.939 964	61.956 97	29.797 07	0
At most 1	0.454 741	11.326 43	15.494 71	0.1922
At most 2	0.022 494	0.409 52	3.841 466	0.5222

注：协整方程采取有截据项、无确定性趋势的形式。协整检验之前，对无约束的 VAR（3）模型进行了最优滞后阶数的检验，最终预测误差准则（FPE）和赤池信息准则（AIC）表明最优滞后阶数为 2，因此协整检验中协整方程中选择 1 阶滞后差分。

4.4.2.2 基于 VECM 的 Granger 因果检验

在变量之间存在协整关系的基础上，可以通过建立向量误差修正模型（VECM）对其变量的关系进行分析。VECM 可以将变量的水平值与变量的差分有机结合，将变量间的长期关系和短期的波动结合在一起进行分析。假定 n 元系统只存在一个协整关系，则 VECM 方程见公式 4.1。其中 $ecm_{t-1}=\beta' x_{t-1}$ 即为误差修正项，反映变量之间的长期均衡关系，系数向量 α 反映变量之间的均衡关系偏离长期均衡状态时将其调整到均衡状态的调整速度，解释变量的滞后差分项的系数反映各变量短期波动对被解释变量的短期变化的影响。

$$Dx_t = \alpha ecm_{t-1} + \Gamma_1 Dx_{t-1} + \cdots + \Gamma_{k-1} Dx_{t-k+1} + \varepsilon_t \qquad (4.1)$$

由于上述三个变量在样本期间存在 1 个协整关系，据此可以建立相应向量误差修正模型，并进一步进行 Granger 因果分析。若变量的误差修正项系数（即调整参数）显著，说明该变量承担短期向长期均衡关系调整的责任，即存在长期 Granger 因果机制；若变量的调整参数不显著，则说明该参数对应的被解释变量为协整向量的弱外生变量。若某一变量滞后差分项参数的联合零约束检验被拒绝，说明该变量滞后项变量对被解释变量存在短期 Granger 信息引导作用。

运用 EViews5.1 软件分析得出了基于 VECM 的 Granger 因果性检验结果（见表 4.5）。

表 4.5　变量间基于向量误差修正模型（VECM）的 Granger 因果检验

解释变量 / 被解释变量	短期滞后差分的 WALDχ^2 统计量			误差修正项 t 值
	D(LNR)	D(LNGDP)	D(LNBASE)	
D（LNR）	—	5.4513 *	2.1131	1.7504 **
D（LNGDP）	18.1716 ***	—	147.0848 ***	6.5814 ***
D（LNBASE）	25.2256 ***	27.7609 ***	—	1.9236 **

注：表中最后一列给出的是检验对应回归方程中误差修正项调整参数显著性的 t 统计量值，检验的零假设是调整参数等于零，其他列给出的是滞后差分项零约束检验的 Waldχ^2 统计量的值，VECM 最优滞后期的确定标准为最终预测误差准则（FPE）和赤池信息准则（AIC），最优滞后期都是 3。

检验结果表明：

（1）外汇储备的调整参数显著，说明外汇储备在长期中承担短期非均衡向长期均衡调整的责任。短期滞后差分项联合零约束检验结果说明，外汇储备与 GDP 存在短期互动关系，但

GDP 对外汇储备的 Granger 信息引导作用的显著性水平不高，只有 10%。

（2）GDP 的调整参数显著，说明 GDP 在长期来看承担短期非均衡向长期均衡调整的责任。短期滞后差分项联合零约束检验结果说明，外汇储备和基础货币对 GDP 均具有短期 Granger 信息引导作用。

（3）基础货币的调整参数显著，说明基础货币在长期来看也承担短期非均衡向长期均衡调整的责任。短期滞后差分项联合零约束检验结果说明，基础货币与 GDP 具有短期互动关系，外汇储备对 GDP 具有短期 Granger 信息引导作用。

由以上分析可知，外汇储备、GDP 和基础货币存在长期均衡关系，外汇储备和 GDP 对基础货币均具有短期 Granger 信息引导作用。因此，外汇储备和 GDP 作为外部和内部因素解释基础货币的变动是合理的。

4.4.2.3　脉冲响应函数分析

脉冲响应函数是指当一个变量的误差项发生一个单位的冲击对因变量带来的冲击。其对应的表达式为：

$$D_q = ,\ t = 1,\ 2 \cdots T \qquad (4.2)$$

其中 i 为结构式冲击的顺序，q 是冲击作用的时间滞后间隔，描述了在其他变量和早期变量不变的条件下 yi，t + q 对 yjt 的一个结构冲击的反应。

为了进一步分析外汇储备和 GDP 对基础货币的影响，本书在 VECM 的基础上建立关于基础货币的脉冲响应函数。假设外汇储备和 GDP 发生一个单位的正向结构冲击，分析此时基础货币的脉冲响应。其中滞后期选择为十年，运用 EViews5.1 软件进行分析可以得到图 4.8（a）和图 4.8（b）所示的冲击反应轨迹，其中横轴表示滞后期数，纵轴表示基础货币（LNBASE）。实线表示基础货币的脉冲响应函数，虚线表示正负两倍标准差的偏离带。

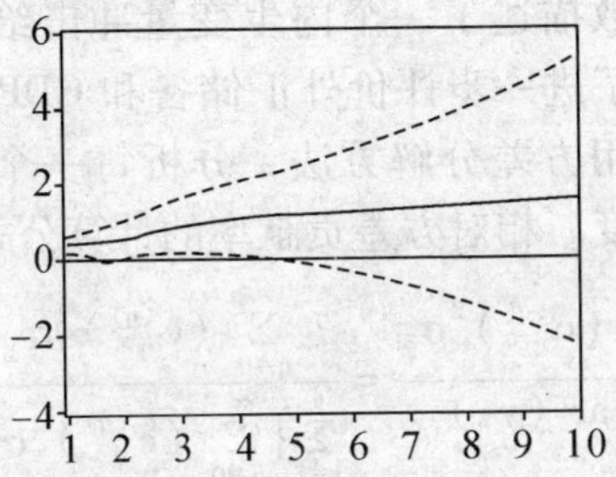

图 4.8（a） 基础货币对外汇储备的脉冲响应

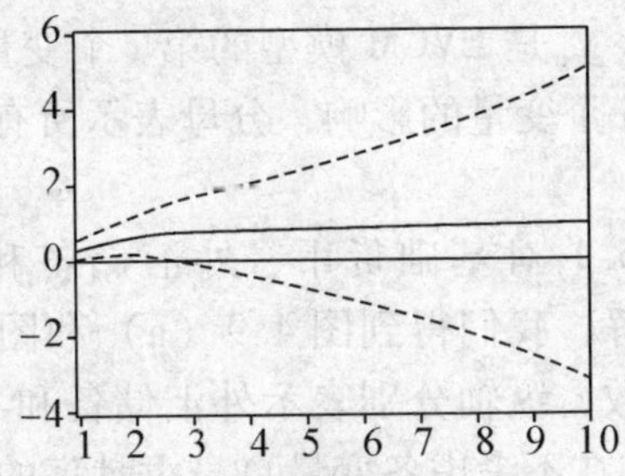

图 4.8（b） 基础货币对 GDP 的脉冲响应

从图 4.8（a）可见，外汇储备面临一个单位的结构冲击时，将给基础货币带来正向冲击，冲击程度不断上升，在第四期达到最大，最后保持稳定。这表明外汇储备面临外部冲击时将给基础货币带来同向冲击，并且冲击的持续时间较长。从图 4.8（b）可见，GDP 面临一个单位的结构冲击时，将给基础货币带来正向冲击，冲击程度不断上升，在第三期达到最大，最后保持稳定。这表明 GDP 面临冲击时将给基础货币带来同向冲击，并且冲击的持续时间也较长。但相对而言，外汇储备对基础货币的冲击程度要大于 GDP。下面我们要进一步证明，外部原因对中国流动性过剩的影响程度大于内部原因。

4.4.2.4 方差分解

脉冲响应函数描述了一个内生变量冲击给其他内生变量所带来的影响。为了进一步评价外汇储备和 GDP 的结构冲击的作用程度，我们运用方差分解方法，分析每一个结构冲击对基础货币变化的贡献度。相对方差贡献率的计算公式如下：

$$RVC_{j\to i} = \frac{\sum_{q=0}^{\infty}(c_{ij}^{(q)})^2\sigma_{jj}}{var(y_{it})} = \frac{\sum_{q=0}^{\infty}(c_{ij}^{(q)})^2\sigma_{jj}}{\sum_{j=1}^{k}\{\sum_{q=0}^{\infty}(c_{ij}^{(q)})^2\sigma_{jj}\}} i，j=1，2\cdots k$$

其中：$RVC_{j\to i}$表示第 j 个变量基于结构冲击的方差对第 i 个变量的影响的相对方差贡献度，$c_{ij}^{(q)}$是脉冲响应函数，σ_{jj}是第 j 个变量的标准差，y_{it}是 EVCM 模型的第 i 个变量，分子表示第 j 个结构冲击对第 i 个变量的影响，分母表示所有变量间相互影响的总和。

运用 EViews5.1 对基础货币、外汇储备和 GDP 进行基于 VECM 的方差分解，我们得到图 4.9（a）和图 4.9（b），其中横轴表示滞后期数，纵轴分别表示外汇储备和 GDP 对基础货币变化的贡献度。① 在不考虑各变量自身贡献率的条件下，外汇储备对基础货币变化的贡献率不断增大，最大达到 23%；GDP 对基础货币变化的贡献率相对较小，但也不断增大，最大达到 8.4%。由此可见，外汇储备对于中国的货币供给量的影响程度，要大于国内经济发展对货币供给量的影响，中国的基础货币供给，更多地受到外汇储备——外汇占款的影响。外因是导致中国进入 21 世纪以来的流动性过剩的主要因素。

① 中结构冲击选择的是广义脉冲。

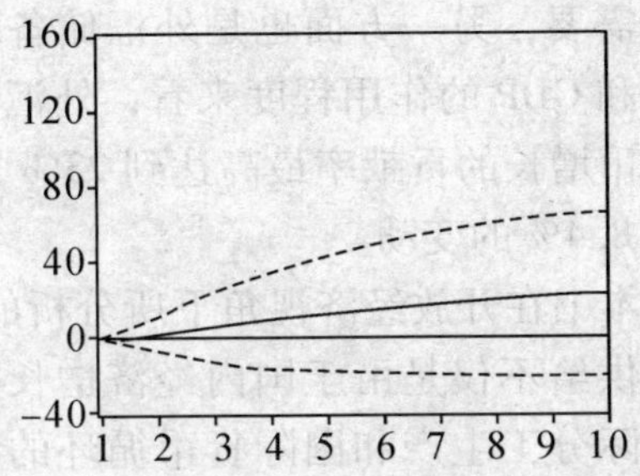

图 4.9（a） 外汇储备对基础货币变化的贡献度

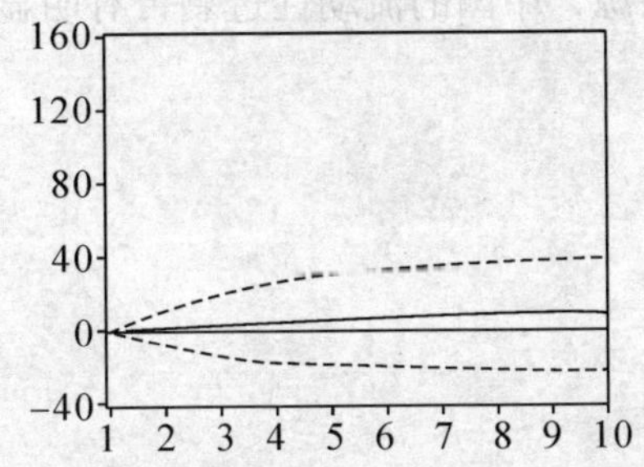

图 4.9（b） GDP 对基础货币变化的贡献率

4.4.3 结论

利用 1990—2009 年的数据，运用协整分析、向量误差修正模型对基础货币、外汇储备和 GDP 的长期和短期因果关系进行检验，并运用脉冲响应函数和方差分解技术对外汇储备和 GDP 对基础货币的冲击程度和贡献度做了进一步分析，本书得出以下结论：

外汇储备和 GDP 无论在长期还是短期均与基础货币存在因果关系。从长期来看，外汇储备、GDP 和基础货币承担短期失衡向长期均衡的调整责任，说明外汇储备和 GDP 不是基础货币的弱外生变量。从短期来看，外汇储备和 GDP 对基础货币具有 Granger 信息引导作用，说明基础货币的扩张一方面是为了满足经济总量扩张的需要，另一方面也是外汇储备增长引起被动增长。从外汇储备和 GDP 的作用程度来看，外汇储备的作用相对更大，对基础货币增长的贡献率最高达到 23%，而 GDP 最高仅能解释基础货币 8.4% 的变动。

由此可见，本书在开放经济视角下所分析的逻辑是合理的，即：中国的货币供给不仅是由于国内经济增长的需要，更有外向型经济参与国际分工生产和国际货币循环的原因。尤其是进入 21 世纪之后，外汇储备增长成为中国国内货币供给（流动性过剩）的重要根源，中国的流动性过剩带有明显的输入性特征。

5

国际流动性输入中国的渠道

从第四章的理论和实证分析我们已经知道，中国进入21世纪以后的流动性过剩带有明显的输入性特征。那么本章我们就专门研究全球流动性过剩背景下，国际流动性输入中国的渠道，并在可能的情况下，大致了解通过各种渠道输入中国的流动性规模到底有多大。按照本书的研究思路，中国的输入性流动性过剩时在全球化进程中，在中国深入参与国际分工体系，在现有的牙买加国际货币体系的背景中发生的。因此国际流动性的输入与中国参与全球化的方式密切相关。

5.1 中国参与全球化的方式与流动性输入

在第3章中，我们分别分析了世界主要国家和地区在当今国际分工体系中的地位，作为回应和补充，将中国的国际分工地位特征放在本节来重点分析，并寻找这种特点与流动性输入之间的关系。

5.1.1 中国在国际分工体系中的地位

自1978年改革开放30多年以来，中国经济发展取得了举世瞩目的成绩，到2010年第二季度，中国的GDP总值已经超过日本成为第二大经济体。国外有学者计量研究显示，1975—2000年，中国经济全球化指数上升了2.14个百分点，这直接导致了同期中国年经济增长率上升了2.33个百分点[①]。2001年中国正式加入WTO后，经济开放程度和参与国际分工生产的程度进一步加深，中国的外贸依存度也迅速上升，进出口占GDP的比重

① 数据转引自袁奇. 当代国际分工格局下中国产业发展战略研究［D］. 西南财经大学博士论文，2006.

从2001年的39.03%上升到2006年的64.80%。2008年中国出口占GDP的比重为37.5%，在世界十大经济体中，这一指标仅次于德国的39.9%，由此可以看出中国经济的出口导向型特点越来越明显。

中国参与国际分工的主要特点归纳如下：

5.1.1.1　中国已经成为世界经济体系中重要的经济体

中国的经济总量规模在迅速增大，而且中国正处于工业化中期的后半段，产业结构中第二产业所占比重最大，在工业制造业方面具备了一定的实力。中国已经成为世界第三贸易大国，在全球贸易中的地位不断攀升，在世界进出口总额中所占的比重从1978年的2.9%提高到2006年的7.2%。中国在不少重要工业产品方面已成为世界上数一数二的生产大国。2002年中国有80项产品的产量处于世界第一位，包括家电制造业、通信设备、纺织、医药、机械设备、化工等十多个行业。中国的工业产出占世界总产出的比重由1999年的第9位上升到了2002年的第4位，但与美国、日本、德国相比，仍相对落后（见表5.1）。而且中国第一产业比重偏高，第三产业比重偏低，这是中国二元经济结构所独有的特征。

多数发达国家进入后工业化时期后经济结构出现了比较明显的“去工业化”趋势，以金融、保险等为代表的服务业在经济中的比重越来越大。而中国、韩国、巴西等国家仍然依靠制造业为主要支撑来完成工业化的进程。美国占世界制造业市场的份额在1987—2000年间基本保持在11%～12%，而2000—2005年突然惊人地下降了3个百分点，从12.1%下降到9%，达到战后的最低水平，与此同时中国市场份额增加了3个百分点。有人认为，这种巧合绝非偶然。[①]

① 罗伯特·布伦纳. 高盛的利益就是美国的利益——当前金融危机的根源[J]. 政治经济学评论，2010（2）.

表 5.1 1999 年和 2002 年工业产出占世界比重排名前十位的国家 (%)

年份	日本	美国	德国	法国	英国	意大利	俄罗斯	巴西	中国	西班牙
1999	22.5	20.7	10.2	4.7	4.1	4.0	3.2	2.5	2.2	2.0
年份	美国	日本	德国	中国	法国	意大利	韩国	英国	巴西	加拿大
2002	23.3	18.1	7.9	6.6	4.7	3.5	3.3	3.2	2.2	1.9

资料来源：UNITED NATIONS INDUSTRIAL DEVELOPMENT ORGANIZATION: IndustrialDevelopment Report 2004, Vienna, 2004.

5.1.1.2 中国的出口商品结构以工业制成品为主，比较优势在垂直专业化的低品质环节

1985 年中国的出口产品中初级产品占比高达 50.6%，进入 20 世纪 90 年代以后，工业制成品成为出口产品的主体。2006 年中国的出口总额中工业制成品占 94.54%，其中机械及运输设备占 47.10%，杂项产品、轻纺产品、橡胶制品、矿业产品及制品等都占有较高的比重。但是我们并不能就此认为中国的产业结构升级已经成功，这种按照独立产业分级的方法主要适用于传统的产业间分工贸易模式。而当今国际分工已经深入到同一产业、同一产品价值链上具有特定要素密集度需求的各个环节。比如某种高科技产品的价值增加主要在国外完成，而最后一个组装环节在中国完成，则产成品是从中国出口的，表现在中国出口的高科技产品金额扩大。但是显而易见，我们不一定在这种产品的生产中具有优势。因此需要分析中国在垂直专业化、全球外包和以跨国公司为主的直接投资生产体系中的具体角色。①

事实上，在产品内分工中，我国的比较优势或者说出口竞争力仍然表现在劳动密集的加工制造环节。加工贸易出口自 1995 年以来一直超过一般贸易，成为我国第一大出口方式，且

① 本书第三章已经详细论述了当今国际分工的新特点，参见本书 3.1.1.

基本维持在55%左右的份额，加工贸易出口已经成为支撑我国出口增长的主要方式。2005—2008 年我国加工贸易出口占同期出口总额的比重分别为：54.66%、52.67%、50.71%和47.26%。2008 年加工贸易的进口占比也达到 33.3%。中国的“世界工厂”之名也由此而来。进出口商品的价格差异决定了产业内贸易的基本形态，如果同一产业（产品）的出口价格高于进口价格，说明该国在产业内贸易中处于高端，国际分工处于有利地位；如果出口价格低于进口价格，说明在产业内分工中处于低端的不利地位。一般来说，处于研发设计阶段的国际分工状态是国际分工的高端，处于最后组装阶段的国际分工状态是以量求生的，处于国际分工的低端。表 5.2 的数据表明，中国作为世界贸易大国，在总体制造业中与 G7 国家相比，还处于低端的国际分工环节。

表 5.2　　中国与 G7 国家总体制造业不同贸易比重

	年份	中国	美国	日本	德国	法国	英国	加拿大	意大利
高品质	1992	0.292	0.479	0.268	0.338	0.273	0.266	0.309	0.236
	1996	0.216	0.497	0.349	0.333	0.274	0.324	0.32	0.27
	2000	0.261	0.513	0.431	0.316	0.304	0.425	0.32	0.287
	2003	0.146	0.487	0.428	0.369	0.337	0.391	0.316	0.32
水平	1992	0.288	0.315	0.323	0.632	0.643	0.64	0.487	0.507
	1996	0.315	0.354	0.288	0.636	0.608	0.596	0.524	0.482
	2000	0.203	0.322	0.247	0.638	0.606	0.452	0.561	0.517
	2003	0.186	0.322	0.253	0.58	0.573	0.541	0.516	0.5
低品质	1992	0.42	0.206	0.41	0.031	0.084	0.094	0.204	0.256
	1996	0.469	0.149	0.364	0.032	0.119	0.08	0.155	0.248
	2000	0.536	0.164	0.321	0.046	0.09	0.122	0.12	0.196
	2003	0.668	0.191	0.318	0.051	0.09	0.068	0.168	0.181

数据来源：施炳展、李坤望：中国制造业国际分工地位研究——基于产业内贸易形态的跨国比较［J］．世界经济研究，2008（10）：3－8

5.1.1.3 中国最终产品出口市场主要依赖美国与欧洲

2008 年中国最终产品的 74.1% 出口到以美国为主的东亚区域以外的市场。美国是中国商品出口的第一大目的地，日本则是中国的第一大进口来源国。

表 5.3 2008 年中国进出口商品国别（地区）排名（前 10 位）

最终目的国（地区）	出口占比（%）	名次	原产国（地区）	进口占比（%）	名次
美国	17.64	1	日本	13.30	1
中国香港	13.33	2	韩国	9.90	2
日本	8.11	3	中国台湾	9.12	3
韩国	5.17	4	中国	8.16	4
德国	4.14	5	美国	7.18	5
荷兰	3.21	6	德国	4.93	6
英国	2.52	7	澳大利亚	3.31	7
俄罗斯联邦	2.31	8	马来西亚	2.83	8
新加坡	2.26	9	沙特阿拉伯	2.74	9
印度	2.21	10	巴西	2.64	10

数据来源：根据《2008 年中国海关统计年鉴》数据计算。

从表 5.3 可以看出，中国制成品的出口主要是美国、日本、欧盟等发达国家，对中国香港的出口主要是一种转口贸易，其最终的去向仍然是发达国家市场。中国的进口来源地则主要是亚洲地区的日本、韩国和中国台湾，其次是美国和德国。其中中国自己对自己的复进口也达到了巨大的规模，2008 年中国已经是自己的第四大进口来源地。按照中国海关的解释，国货复进口，就是指重新进口已经出口的中国产品。这其中，有因为质量问题和经济纠纷而被退货的产品，有国产商品由于贸易壁垒等贸易障碍原因不能顺利到达目的地，需要返回国内的；有跨国公司全球产业链的布局考量，但更多的国货复进口是和加工贸易联系在一起的。也就是说跨国公司将产品的最后加工环节放在中国，制成品由总公司统一在全球销售，那么就先形成了出口，然后中国国内市场的销量又成为了一种进口。

5.1.1.4 中国是国际直接投资的重要吸收国，对外直接投资较少

对外直接投资也是衡量一个国家国际分工地位的重要指标。改革开放以来，中国对 FDI 一直持欢迎的态度，地方政府甚至为了吸引外资而进行疯狂的“超国民待遇”竞争。在大量引进外国直接投资的同时，伴随着中国企业实力的增强，近年来“走出去”的呼声也越来越高。与日本不同，在 FDI 方面，中国始终是吸收的多，输出的少。1992 年以来中国已经成为全世界吸引外资最多的国家之一，2002 年和 2003 年甚至超过美国成为最大的 FDI 东道国。跨国公司来中国投资的主要诱因是廉价的劳动力和中国广阔的市场需求。在对外直接投资方面，1979—1990 年中国对外直接投资总额为 10 亿美元，年均增长率仅为 9.9%；1991—2001 年，中国对外直接投资有所增长，但总额也只有 69 亿美元。加入 WTO 后的五年中，中国对外直接投资从 2002 年的 27 亿美元猛增至 2006 年的 176.3 亿美元，但与 2006 年 865.7 亿美元的 FDI 流入额相比，还是相对较少。这也是因为中国尚缺乏具有竞争实力的跨国公司，中国的比较优势仍然不在资本和技术方面，而是在劳动力方面。

5.1.1.5 依靠要素而不是企业参与国际分工

加工贸易本质上就是足不出户的劳动力输出，因为在所有的要素中，劳动力的跨国流动是最难的，而资本的流动相对最容易。以“大进大出、两头在外”为特征的加工贸易长期以来在中国对外贸易中占据半壁江山，其实就是国际资本与中国的低劳动力成本之间的结合。这在一定程度上也缓解了中国的就

业压力，同时跨国公司也分享了中国的“人口红利”。

在当今的全球化背景下，跨国公司已经成为国际经济领域的主力军，产业内分工和产品内分工都是以跨国公司为载体的。而中国在广泛参与国际分工和全球化的过程中，主要是以要素的比较优势而不是依托企业优势参与国际竞争。在劳动力、能源、土地等要素市场上，中国一直存在着要素价格扭曲的状况，以压低要素价格的方式促使投资和出口的快速增长。因此出现中国制造的产品具有国际竞争力而中国的企业没有国际竞争力的怪现象。这种以要素直接参与国际分工的方式，必然使得中国在国际经济利益分配格局中处于劣势地位。

5.1.2 制度特色：实体经济开放与货币领域的封闭

在实体经济方面，中国依靠自身的比较优势积极参与到全球化过程中来，在全球分工生产和贸易中占据了重要的地位。而中国在货币领域的开放程度相对较低，仍然是相对封闭的。我国在金融领域的开放实行了逐步推进、稳健第一的开放步伐。1996 年 12 月 1 日起，我国实现了人民币经常项目下的可兑换，但是至今为止资本项目中不少项目仍然是管制的。根据国际经验，在利率没有市场化、汇率不能灵活反映市场供求的情况下，资本项目开放会出现较大问题。经济学家们认为资本管制是中国维护自身金融安全的最后屏障。然而资本项目的自由化应该作为中国经济体制改革的一部分来考虑，而不应该将其作为解决短期宏观经济不平衡的一种手段。

事实上，近年来我国资本项目开放已经做出许多有益尝试。在国际货币基金组织（IMF）划分的 43 个资本交易项目中，我国已有 12 个项目完全可兑换，有 16 个项目部分开放。不过，最核心的借用外债、跨境证券投资、中资机构对外贷款和直接投资等项下，仍然实行资本管制。

随着中国经济实力的日益壮大，人民币的国际化趋势成为必然。人民币作为支付和结算货币已被许多国家所接受。事实上，人民币在东南亚的许多国家或地区已经成为硬通货。人民币作为结算货币、支付货币已经在这些国家中大量使用，并能够同这些国家的货币自由兑换，在一定程度上说，人民币已经成为一种事实上的区域性货币。据国家外汇管理局研究人员调查统计，人民币每年跨境的流量大约有1000亿元，在境外的存量大约是200亿元。中国人民币供给量（M_2）约为20 000亿元，这意味着境外人民币大约是人民币总量的1%。由此可见，人民币已经在一定程度上被中国周边国家或地区广泛接受，人民币国际化处于渐进发展的阶段。

5.1.3 小结：中国的国际分工地位决定了流动性输入的必然

从以上分析可以看出，中国目前的国际分工地位决定了特有的贸易结构：以“两头在外，大进大出”的加工贸易为主，在产业内分工中处于低端环节；出口市场依赖发达国家的欧美市场。从贸易途径来说，中国向发达国家出口实物制成品，获得以美元或欧元为主的外汇，然后这些外汇又转而去购买美国的国债等金融产品。而且近年来中国的贸易顺差不断扩大，已经成为当今美元环流体系中重要的“贸易账户”国家。全球经济失衡是由于中心国在金融市场上的比较优势以及外围国在产品市场上的比较优势而导致的储蓄—投资缺口。美国过度消费和外围国储蓄过剩的情况下互为补充，形成了共生的双赢格局。[①] 此外，在FDI方面，中国也是以吸收为主，对外投资规模还较小，因此，FDI也成为国际资本和流动性输入中国的一条重

① 胡晖，张自如．全球经济失衡理论研究述评［J］．经济学动态，2006(11)：68－71．

要途径。可见，出口导向和吸引外资的发展战略，就好像两个吸管，决定了国际资本和货币必然会源源不断地输入中国经济体。

另一方面，由于中国资本和金融项目相对封闭，人民币国际化的程度很低，中国的流动性缺乏输出的渠道，输入的流动性只能在中国经济体内不断地膨胀，必然会给中国经济带来巨大的影响。

5.2 流动性输入的实体经济视角——贸易与 FDI

前文已经讨论过，当今国际货币主要是以美元为本位货币，当然欧元也成为重要的国际货币。G5 国家连续几年的宽松货币政策使得全球意义上的货币流动性泛滥，在这样的大环境下，中国作为世界工厂和重要的 FDI 东道国，成为全球流动性的输入洼地。本节我们专门从贸易和利用外资方面来分析流动性的输入问题。这里暂时不考虑以贸易和 FDI 为掩盖的热钱流入，假定贸易和 FDI 都是出于真实的实体经济投资动机，而不是短期的炒作游资，关于热钱的输入问题下节再单独分析。

5.2.1 贸易渠道的流动性输入

在出口导向型的发展战略下，中国的经常项目顺差在 2001 年以后迅速扩大，经常项目顺差从 2000 年的 205.2 亿美元增长到 2008 年的 4261.1 亿美元，8 年增长了 20 倍。随着贸易顺差的不断扩大，我国的外汇储备也迅速攀升，外汇储备从 2000 年的 1655.74 亿美元增加到 2009 年的 23 991.52 亿美元，9 年增长了 14 倍。即使在 2005 年以来人民币升值和 2007 年以来金融危机的影响下，中国的贸易顺差和外汇储备的攀升之势也依然不减。2009 年中国出口受到了国际金融危机的冲击而下降，当年经常项目顺差为 2971 亿美元。其中的原因可以从本书的分析中找到。因为中国在国际分工体系中处于加工制造的低端环节，大进大出的贸易战略，决定了中国的出口和进口商品都缺乏弹性，汇率对贸易状况的影响程度有限。

美国是中国第一大出口目的国，2008 年中国对美国的贸易顺差达到 1710 亿美元，占中国当年总贸易顺差的 49%。美国对中国的逆差是美国贸易账户失衡的重要部分。由于美元在国际货币体系中的主体地位，当今国际贸易和国际金融产品的计价依然是以美元为主，重要的资源如石油、铜等也是以美元计价。在世界市场已经转变为买方市场的背景下，中国企业的对外出口定价币种，也主要以美元、欧元、英镑等为主。这样一来，人民币相对于这些国际货币的升值，就使得我国的出口企业承受着巨大的汇率风险，从而遭受实际的损失。

在第一章和第四章中我们已经了解到，G5 经济体[①]的 GDP 总额占到了世界 GDP 的 2/3 以上，因此很多学者用 G5 的货币供给量来代表全球货币供给，而且也证明了 2001 年以后全球货币流动性呈现过剩的状态。从贸易渠道来看，中国对 G5 经济体的出口占中国出口总额的 44% 以上，而中国的进口来源地则是亚洲国家和地区居前，可见在中国通过贸易渠道吸收了 G5 国家的庞大流动性，用商品和要素（凝结在商品中）换来美元、欧元、英镑等国际流动性。在当前中国的外汇管理体制下，这些贸易顺差又通过结汇而转化成中央银行的外汇资产，中央银行用于购买外汇而投入了相应的基础货币，输入的流动性就转化成本币的大量投放。2009 年中国的经常项目顺差占外汇储备增量的

① G5 是指这五个经济体：美国、欧元区、日本、英国和加拿大。

66%，可见贸易渠道是中国输入流动性的主要方式。

我们利用外汇冲销干预指数 = 外汇占款增长率/M_1 增长率来考察央行外汇冲销的实际力度，我国的外汇冲销干预指数2003 年为2.68，2004 年和2005 年一直维持在3.74 和3.00 的高位。① 根据国际经验，该指数正常值介于0.5 ~1.5 之间，表明我国的央行承受了过高的货币冲销压力。

5.2.2 外国直接投资（FDI）渠道的流动性输入

事实上在当今以跨国公司为载体的国际分工生产体系中，国际贸易与国际直接投资已经是一个硬币的两面。FDI 如果是以绿地投资的形式进入中国，就会直接形成外资企业，即使是以并购的方式进入中国，也会改变企业的所有权结构。外商投资企业的生产链在全球延伸，因此其外向型的性质更加明显。从2005 年开始，外商直接投资企业创造的贸易顺差所占的比例一直保持在50% 以上，并且有不断上升的趋势。

我国长期以来对外国直接投资（FDI）持欢迎态度，能否成功地吸收 FDI 也成为各级地方政府官员政绩考核的重要指标之一。从 1993 年开始，我国成为引进 FDI 最多的发展中国家；加入 WTO 后利用外资的规模还在不断增加，并在 2003 年首次超过美国，利用外资达到 535.05 亿美元，成为世界上利用外资最多的国家。2008 年我国利用外资达 923.95 亿美元，比 2007 年增长了 23.6%。

从 2001 年开始，以 FDI 为主体的“资本和金融项目”顺差超过了经常项目顺差，成为我国国际收支顺差的主体部分，一直到 2005 年人民币开始升值以后，这种状况才发生改变。在直接投资领域，2004 年之前我国也基本上是“奖入限出”的，

① 谢海林. 我国以央行票据为工具的冲销干预研究［J］. 现代商贸工业，2009（11）：151.

2009年外国在中国的直接投资为900.33亿美元，而中国对外国的直接投资虽表现出色也仅仅为480亿美元[①]。虽然“走出去”的呼声在近些年逐渐高涨，但是中国企业真正能够在国际市场上具有竞争力的，还是凤毛麟角，吸收FDI的规模远远大于对外直接投资的规模。

中国吸收外国直接投资的来源地主要是亚洲经济体，而美国的FDI则主要来自于欧洲和日本。2009年，对华投资前十位国家/地区（以实际投入外资金额计）依次为：中国香港地区（539.93亿美元）、中国台湾（65.63亿美元）、日本（41.17亿美元）、新加坡（38.86亿美元）、美国（35.76亿美元）、韩国（27.03亿美元）、英国（14.69亿美元）、德国（12.27亿美元）、中国澳门（10亿美元）和加拿大（9.59亿美元），前十位国家/地区实际投入外资金额占全国实际使用外资金额的88.3%。从产业结构来看，FDI主要流向了制造业，特别是劳动密集的生产环节。

外部资本通过FDI渠道流入中国，一方面增加了国内资本存量，另一方面也对国内的投资存在挤出效应，加剧国内储蓄过剩的局面。FDI对于国内流动性的效应表现在两个方面：首先，资本的输入伴随着货币流动性的输入，投资在结汇以后形成相应的本币投放；其次，FDI形成生产能力，外资企业的大部分产品用于出口，就带来了更多后续的外汇流入。跨国公司海外附属机构反向母国的出口，实际上相当于跨国公司自己生产的产品销售给自己的公司，属于公司内部交易，尽管它在位于不同国家的附属机构生产。而现行的贸易统计体系却将这种公司内部交易记录到跨国公司东道国的账下，从而夸大了东道国的出口。更普遍的是外资企业在中国加工生产的同时伴随着半

① 数据来源：中国国家外汇管理局网站，各年国际收支平衡表。

成品的进口，人民币升值可以降低中间产品进口的价格，以至于人民币汇率升值并不能对中国的贸易顺差带来明显的改变。

5.2.3 小结

本节我们承接上文的分析思路，从实体经济的角度来讨论全球化过程中贸易和直接投资带来的流动性输入问题。由于中国在现行国际分工体系中的地位，决定了中国的企业参与国际分工主要的比较优势仍然在劳动密集型的低端环节。中国实质上是利用资源和要素来换取国际货币流动性。同时，国内金融体系的落后和低效率，导致了国内的储蓄过剩，中国除了政府直接投资以外，不得不倚靠引进外资来发展经济。FDI 的流入，一定程度上加剧了国内储蓄过剩的局面，而外资企业又利用其高效率生产将中国的资源通过出口输出到国外，同时输入国际流动性。我们知道，中国的对外直接投资规模非常小，所以在 FDI 这个方面来说，中国仍然像一个蓄水池，吸收国际流动性，而流出的很少。

5.3 流动性输入的金融视角——国际短期资本的流入

从金融角度来说流动性输入的方式主要有外债、合格境内资金投资者（QFII）等，不过中国近年来的外债规模变化不大，QFII 的规模也相对较小。因此我们重点分析“热钱”的流入问题。

自 1997 年东亚金融危机之后，短期国际资本流动逐渐受到重视。经济学家们发现，金融危机并不总是与宏观经济基本面相关，短期内国际资本流动的突然逆转可能会带来“资本账户危机”。很多人认为，中国之所以能在亚洲金融危机中独善其身，主要归功于严格的资本账户管制。但是也有学者（王世华，何帆，2007）① 认为，资本管制的作用只是给政府赢得时间，并不能从根本上防止危机的爆发。此外，建议加强资本管制的观点也没有考虑到金融全球化对资本管制的冲击。由于全球金融体系缺乏完善有效的监管，处于国际货币体系中心的经济体和处于外围的经济体地位明显不平等，所以很多开放的小国经济面对汹涌的国际资本流动几乎是束手无策。而中国虽然在经济总量上是大国，而在货币金融领域却是个“小国”。

中国的资本账户对外开放是采取循序渐进的方式，始终注重风险的监管和控制，避免因为过快的开放而引发风险。自从2001 年中国加入 WTO 以后，放松资本账户管制的措施不断出现，2002 年 11 月 QFII 制度的实行，标志着中国资本市场由服务开放走向资本开放的重要一步；2006 年 4 月我国又实行了QDII 制度，中国资本市场开放程度进一步扩大。中国股市与欧美股市的联动效应也正在逐渐增强。但是这些只是中国资本账户间接开放的措施，国际资本流入和流出中国仍然要受到比较严格的限制。虽然中国实行了较为严格的资本管制政策，但是很多迹象表明，资本仍然有可能绕开管制大规模地流入和流出中国。东亚金融危机爆发之后曾经出现过大量资本外逃。2002年之后，由于人民币国内利率和美日等低利率政策的差异，特别是人民币升值预期的加强，国际短期资本流入中国的问题逐渐被人们关注。关于“热钱”的话题成为最近几年来中国经济领域的一个热门话题。

5.3.1 热钱的界定与流入的规模

由于短期国际资本的流动性和敏感性，人们又将它称之为

① 王世华，何帆．中国的短期国际资本流动：现状、流动途径和影响因素[J]．世界经济，2007（7）：12－19.

“热钱”(HotMoney)。关于热钱的定义有不同的解释，不论这些定义的范围如何，学术界一致认为热钱具有高度的流动性和敏感性（或者说易变性）。何泽荣、徐艳（2004）[①] 给出的热钱定义为：“在国际金融市场上对各种经济金融信息极为敏感的、以高收益为目的、但同时承担高风险的、具有高度流动性的短期投机资金。”在亚洲金融危机以后，国内学者们对中国的资本跨境流动问题高度关注。1982 年跨境资本流动总额占中国 GDP 的比率约为 19%，而 2006 年占 GDP 的比率已达 127%（王世华、何帆，2007）。中国的跨境短期资本流动状况先是经历了“资本外逃”，然后转为大规模的热钱流入。鉴于本论文关注的是流动性的国际输入问题，我们重点分析 21 世纪以后的中国热钱流入问题。

关于中国的热钱流入问题，最受关注的是哪些时段有热钱流入，热钱流入的规模到底有多大？虽然要精确计算热钱的流入规模几乎是不可能的，但是用合适的方法对其进行估计是必要的。对于热钱规模的测算口径，主要有以下几种：

热钱规模的测算方法有的基于国际收支平衡表，有的基于海关数据。国内学者常用的测度方法有：

（1）用净误差与遗漏项目数值代表热钱。我国的国际收支平衡表由四大项目构成：经常项目、资本与金融项目、储备资产以及净误差与遗漏。根据会计恒等式有：净误差与遗漏 = 储备资产 - 经常项目 - 资本与金融项目。国际收支平衡表中的“净误差与遗漏”项目反映了没有被官方记录的资本流动状况，有人直接用该项目的数据来衡量资本的流出与流入，如果该项目为负，说明存在资本外逃，该项目为正就说明存在热钱流入。此种方法可以粗略判断热钱是流入还是流出的方向，但是忽略

① 何泽荣、徐艳，论国际热钱［J］. 财经科学，2004（2）：87 - 90.

了隐藏在经常项目和跨境证券投资的因素，容易低估热钱的规模。

（2）国家统计局的官方统计方法，公式为：热钱 = 外汇储备增加额 - FDI - 贸易顺差。这种方法仍然是假设 FDI 和贸易都是真实的，因此没有考虑在这两种方式下隐藏的热钱，而且 FDI 中有相当部分是非货币投资，并不引起外汇储备的增加，因此，这种方法也容易低估热钱的规模，不过此方法还是能够有效地反映热钱的流动方向和波动趋势。

（3）Claessens&Naude（1993）提出三种游资测算方法，其中最宽的衡量口径“游资 1 法”的模型是：短期国际资本流入额 = 经常项目下投资收益贷方余额 + 资本和金融项目下证券投资贷方余额 + 资本和金融项目下其他中短期投资贷方余额 + 净误差与遗漏项目贷方余额①。张谊浩等（2007）利用此模型对中国 1996—2005 年的热钱规模进行了测算，证明在此期间中国的热钱流入呈现出增长态势：1996—2001 年为平稳增长阶段，2002—2005 年为快速增长阶段。但是此模型的游资口径过于宽泛，可能夸大了热钱的规模。亚洲金融危机期间以及随后的一段时间，美国的利率水平高于中国的利率水平，中国一度存在资本外逃的局面，大量的资本流出中国，游资流入持续增长的结论令人质疑。

（4）其他修正的方法。尹宇明、陶海波（2004）② 从热钱流入的渠道入手，估算了中国 2002—2004 年的热钱规模，但是仍然无法估计贸易渠道掩盖的热钱流入。张明、徐以升

① CLAESSENS S，NAUDE D. Recent Estimates of Capital Flight：A Philippine Case Study［R］. Policy Recent Working Paper Series，1993（1186）：1 - 54.

② 尹宇明、陶海波. 热钱规模及其影响［J］. 财经科学，2005（6）：131 - 137.

(2008)[①] 试图将贸易和 FDI 渠道的热钱流入计算进来，并且还考虑到了热钱在中国取得的收益。他们测算的结果为：2003—2008 年第一季度流入中国的热钱合计 1.20 万亿美元，热钱利润合计 0.55 万亿美元，二者之和为 1.75 万亿美元，约为 2008 年 3 月底中国外汇储备存量的 104%。不过他们对热钱的定义进行了扩展，他们测算的热钱不仅仅包括短期国际资本，也包括“长期投机性资金”。例如，把外商投资企业的未汇回利润及折旧也视为热钱。因此，用“非合意资本流入”（Unwanted Capital Flow）来替代热钱概念。用这种方法测算的热钱规模惊人庞大，也引起了众多的怀疑。[②]

（5）国家外汇管理局的最新算法。2011 年 2 月 17 日，国家外汇管理局发布《2010 年中国跨境资金流动监测报告》，首次披露了“热钱”官方估算数据。外管局对于热钱的估算采取了间接测算法，在国家统计局传统方法的基础上，对外汇储备的增量和一些扣减项目进行了调整。除了贸易顺差和 FDI 以外，还扣除了中国企业境外投资收益和境外上市融资，将人民币跨境直接支付的金额从外热钱流动规模中扣除。可见此方法的热钱测算口径比第（2）种方法的还要小些。

表 5.4 给出了外管局测算的 2001—2010 年期间中国的热钱规模。由此大致可以对中国的“热钱”流动进行判断：2003 年和 2004 年人民币升值预期逐渐增加的背景下，大量的国际短期资本流入中国，并在 2004 年达到峰值 768 亿美元；2005 年人民币升值以后，热钱流入放缓，2006 年获利资金部分流出中国；2007 年和 2010 年随着国际金融危机爆发，美国、日本等国家纷

① 张明、徐以升. 全口径测算当前中国的热钱规模［J］. 当代亚太，2008(4)：126－142.

② 李扬对张明、徐以升的测算结果表示质疑，参见田俊荣. 半年金融数据怎么看：中国社科院金融研究说所长李扬的解读［N］. 人民日报，2008－07－28.

纷实行量化宽松的货币政策，世界货币供给再一次急剧增长，人民币升值的预期始终没有消失，因此，又有大量的热钱流进中国。外汇管理局当然，这种估算热钱的方法会低估热钱规模，不过大致趋势还是可以有效地进行判断。通过测算的热钱与同期净误差与遗漏项目的比较，我们可以发现，这两种方法在判断热钱进出的方向上基本一致。但是仅仅用净误差与遗漏项目代表热钱的规模，其低估的程度会更大。

而且，从表5.4的估计结果也可以看出，热钱在中国已经形成了“快进快出”的易变特征。一旦人民币升值预期消失，热钱的流动就会发生逆转，对中国的货币政策和宏观经济、资本市场带来一定的干扰。

表5.4　2001—2010年中国的“热钱”流动净额估算

单位：亿美元

	外贸顺差①	直接投资净流入②	境外投资收益③	境外上市融资④	前四项合计⑤=①+②+③+④	外汇储备增量⑥	“热钱”流动净额⑦=⑥-⑤
2001	225	398	91	9	723	466	-257
2002	304	500	77	23	905	742	-163
2003	255	507	148	65	974	1377	403
2004	321	551	185	78	1136	1904	768
2005	1021	481	356	206	2063	2526	463
2006	1775	454	503	394	3126	2853	-273
2007	2643	499	762	127	4032	4609	577
2008	2981	505	925	46	4457	4783	326
2009	1957	422	994	157	3530	3821	291
2010	1831	467	1289	354	3941	4696	755
合计	13313	4785	5330	1459	24 887	27 777	2890

此表数据来自于中国国家外汇管理局《2010年中国跨境资金流动监测报告》。

5.3.2 热钱流入中国的渠道

关于国际热钱流入中国的渠道，也是备受关注的一个问题。概括起来热钱流入主要是四个渠道：

5.3.2.1 虚假的贸易顺差

相关的历年统计数据显示，2005 年到 2007 年我国出口总额比 2004 年出口总额分别仅增长了 0.2、0.6 和 1.1 倍，但是相应的贸易顺差却分别增长了 2.2、4.5 和 7.2 倍。而由于占我国六成左右的外资出口产能并没有发生明显变化，贸易顺差的剧增表明，我国从 2004 年以来的出口包含了相当分量的“虚假”成份。热钱利用贸易渠道流入中国主要表现为：一是通过与境外关联公司签订虚假贸易合同，向境内输入无实际成交货物的货款或预付款；二是通过高报出口产品价格，低报进口产品价格，甚至国货复进口，将超出货款的部分用于国内投机活动。相比较而言，利用进口低报比出口高报的方式更加便利热钱的流入，因为出口高报得到的是美元，还需要结汇；而利用进口低报的话，投机资本可以直接在境内拥有人民币不用结汇。三是有一些企业或投机者利用外贸监管的漏洞转移热钱。比如，中介机构注册多家虚假外贸企业，获得外管局提供的出口收汇与进口付汇的核销单，然后出售给没有进出口权的企业与个人，外汇核销单的申领失控与倒卖，造成了虚假贸易以及相应的热钱流入。这些渠道的特点在于：利用外贸监管部门（主要是海关）在贸易合同审核以及商品估价中的信息不对称，成功的机率较高。

在贸易方面，已经有较为成熟的方法来验证其水分。合规的国际商品交易在贸易双边经济体的海关统计数据应该一致，但确实可以利用实际操作中的某些漏洞实现进出口伪报，并造成海关统计数据差别。剔除统计口径误差，贸易伙伴官方统计数据的差额可以作为进出口伪报的估算依据，并且已经成为研究资本外逃的国际惯例。陈勇（2008）[①] 估算了中国内地与中国香港之间的贸易伪报的规模，出口高报和进口低报的累计虚假贸易合计，2000 年到 2002 年是 226 亿美元、290 亿美元、435 亿美元。2003 年到 2007 年分别加速上升到 700 亿美元、977 亿美元、1226 亿美元、1565 亿美元、1871 亿美元。虽然由于统计误差，并不能由此判断贸易渠道流入的热钱规模到底有多大，但是可以看出 2000 年以来，越来越多的热钱正通过贸易渠道流入中国。

5.3.2.2　虚假的外商直接投资

在上一节中我们分析了外商直接投资是国际流动性输入中国的一个重要渠道。传统观点认为，FDI 流入的资本应该具有长期投资的性质，但是最近这些年来，FDI 流入中有相当部分并不是基于实体经济的跨国投资或生产，大量的短期国际投机资本也以 FDI 的名义流入中国。除了新的 FDI 资本流入，既有的外商投资企业在原有注册资金基础上，以“扩大生产规模”、“增加投资项目”等理由申请增资，资金进来后实则游走他处套利；在结汇套利以后要撤出时，只需另寻借口撤销原项目合同，这样热钱的进出都很容易。

不过隐藏在 FDI 中的热钱规模到底有多大，这是一个困难的问题。国内学者们尝试用各种方法去估计 FDI 中的热钱规模，取得了初步的成果。尹宇明、陶海波（2005）的估算方法是，选取了四个影响 FDI 流入量的指标，使用 OLS 法建立多元线性回归模型拟合 FDI 正常流入量，并将 FDI 流入量的实际值减去

① 陈勇．FDI 和贸易顺差中存在热钱的几个端倪［N］．第一财经日报，2008－07－07．

模型的预测值得到1990—2004年的热钱规模。张明、徐以升（2008）[①] 将传统计算公式中的三项指标重新进行调整，在测算隐藏在FDI中的热钱时，未对具体数值进行计算，而是假定FDI流入均为真实值，但把FDI未汇出利润及折旧视为热钱。许涤龙、侯鹏（2009）[②] 运用岭回归模型对2005—2007年FDI正常流入量进行测算，然后将之与异常年份中FDI的实际流入量做比较，即得FDI流入量中的热钱值。他们得到FDI流入量中热钱的数量分别为166亿美元、79亿美元、602亿美元。不论运用哪种估算方法，至少有一点是可以达成共识的，即在全球流动性过剩、人民币升值的背景下，我国吸收的外商直接投资资本中，隐藏着大量的短期投机资本。

5.3.2.3 地下钱庄

比如说像广东很多地方都有地下钱庄，个人资金跨境转移有很多是通过地下钱庄，当然也包括热钱。虽然人民币不可自由兑换，但是港元可以自由兑换，而境外资金通过港元与人民币之间也在某种程度上可以兑换。地下钱庄同时在香港和内地设立网点，就可以实现便捷的跨境资金转移。

5.3.2.4 个人汇款

海外华侨对国内亲属汇款被称之为赡家款，这几年这个数字大幅增加。此间真正用于“赡家”用途的款项堪疑，相当多的热钱是通过这种渠道进来炒股、买房。

5.3.3 影响热钱流入的因素分析

关于短期国际资本流入问题，以利率平价理论（Interest

---

① 张明，徐以升，全口径测算当前中国的热钱规模［J］. 当代亚太，2008（4）：126－142.

② 许涤龙、侯鹏. 我国FDI流入量中热钱规模的估算［J］. 经济问题，2009（6）：38－42.

Rate Parity）为基础的拓展模型（Mundell，1962；Fleming，1962）能够在一定条件下做出很好的解释：假定资本流动具有不完全性，套利资本供给具有有限性，国内外利率差会引起有限的资本流动；同时，假设套利者是风险厌恶者，需要获得一定的额外报酬才愿意持有风险资产，即流入国内的资本量是本币计价资产所提供的风险报酬的增函数，而资本流出量则是本币计价资产所提供的风险报酬的减函数；最后，假定面临重大的宏观经济政策变动时，市场预期汇率升（贬）值率给定，即汇率预期是静态的。在这些假设前提下，可用利率平价方程式（5.1）代替一般的无抛补利率平价方程式，即有：

$$rd = rf + \Delta Ee + \rho \quad (5.1)$$

其中，rd 表示国内利率，rf 表示国外利率，ΔEe 表示静态的汇率预期，ρ 表示流入国内的套利资本所要求的风险报酬。在实行资本管制的国家，政策风险是套利资本面临的主要风险，唯有在资本输入国资产所提供的风险报酬足以弥补套利资本流入可能承担的交易成本时和政策风险，套利资本的流入才可能发生。由此可见，国内外利率差异、人民币升值的预期、和国内资本市场回报率应该是决定热钱流入中国的主要因素。

从图 5.1 看出，2002—2004 年期间以及 2008 年以来，美元的利率低于人民币利率，这就引起了资本基于“套利”的动机流入中国。同时人民币的汇率升值压力和升值预期日趋明显，国际资本基于“套汇”动机也流入中国。另外，2002 年以后由于内外充足的流动性充斥于市场，中国的房地产、股票等资产价格也开始迅速上升，中国的资本市场投资回报率提高，并且在全球化的背景下，投资资本在全球市场上配置比在一个国家内部的投资组合更有利于控制风险。因此，各种因素发挥作用致使热钱大规模流入中国。

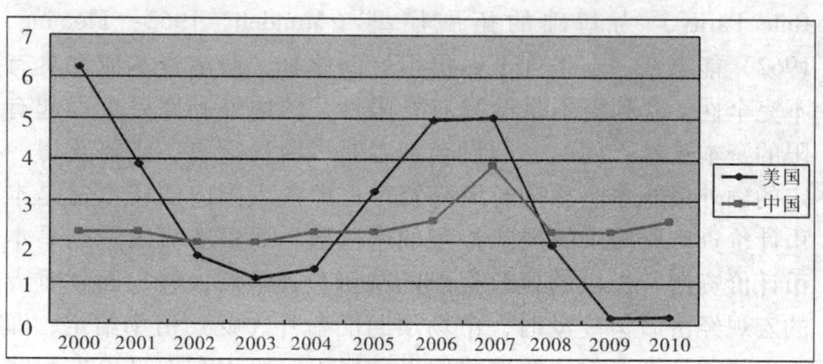

图 5.1 美国与中国一年期银行利率的走势

数据来源：中国人民银行网站、美联储网站

5.3.4 热钱流入给中国经济带来的影响

以短期投机为动机的热钱本身具有快进快出的易变性，热钱给一国经济带来的危害在亚洲金融危机中已经被人们领略。泰国在1997年前奉行高利率政策，大量“热钱”涌入；泰铢贬值后，“热钱”迅速逃逸，使泰国的经济大厦轰然倒塌。大量的热钱流入中国，一般会以几种形式存在：

（1）流入股票市场。中国A股市场在2005年开始进入一轮牛市行情，此后迅速上升到2007年的顶峰，热钱投入股票市场赚取较高的投资回报率。QFII虽然在中国股市的规模不大，但是确实是不可忽视的重要投资力量，其风向标的示范效用较强。2002年，我国推出QFII制度，允许符合条件的境外专业投资机构经核准投资中国境内人民币计价的股票和债券。此后，QFII项下资金流入快速增长。截至2010年底，外汇局共批准97家QFII机构共计197亿美元的境内证券投资额度。同期，QFII机构累计汇入投资资金184亿美元，累计汇出资金（均为收益，无投资本金的汇出）30 亿美元，累计净汇入资金 154 亿美元。[①]

（2）流入房地产市场。一部分热钱进入中国后投资买房地产，吹大了中国商品房市场的泡沫。上文的分析中也已经说明，中国商品房价格的上涨，其推动力量之一就有热钱的身影。近年来外商来华直接投资主要集中在制造业和房地产业。据商务部统计，从 2001—2010 年，房地产业的来华直接投资占外资流入总量的比例基本保持在 10% 以上，2006 年以后占比提高，2010 年达到 23%，其投资以现汇为主并基本结成人民币使用。

（3）即使流入中国的热钱不进行任何国内投资，只是赚取中美利率差异和人民币升值的回报就已经相当可观。因此，热钱也可能以银行存款或者其他形式而存在。

（4）近两年由于国内热钱在楼市、股市中不能获得足够利润，便开始对农产品进行疯狂炒作，引起了多种农产品非正常涨价。游资对于绿豆、大蒜、生姜等农产品的炒作，也有热钱的参与。

热钱的流入首先带来资产价格的上涨和泡沫；其次，热钱对某些物资的炒作扰乱了正常的经济秩序；最后，热钱的流入和发生逆转的风险越来越大。一旦人民币升值结束，中国国内的利率低于国际利率，热钱势必会迅速流出，这样会给中国的金融体系带来动荡和冲击。

5.3.5 小结

有研究发现，2002—2004 年境外投机性资金流入的主要渠道是资本和金融项目，2005—2006 年，虚假贸易成为境外投机性资金流入我国的主要渠道。德意志银行于 2008 年发布了由经济学家 Michael Pettis 撰写的报告，他也对国际热钱流入我国的

① 数据来自于国家外汇管理局《2010 年中国跨境资金流动监测报告》。

渠道进行了分析，他认为，约有50%的热钱是以外商直接投资（FDI）的形式进入中国的，数量往往超过中国官方实际批准的金额；约有20%的热钱是通过进口少开具发票或者出口超额开具发票的方式流入的；其余热钱则通过各种各样的暗道进入。在2011年2月国家外汇管理局公布的《2010年中国跨境资金流动监测报告》中指出，2001—2010年，资本和金融账户形成的资本净流入累计7030亿美元，直接投资是主体，占资本净流入总额的98%。在全球流动性过剩，金融全球化的今天，国际短期投机资本充斥在国际金融市场，对信息和各国的利率、汇率、投资回报率非常敏感，反应迅速，即使像中国这样资本项目开放程度低的国家，也难以在汹涌的热钱冲击中幸免。

6
化解中国的流动性过剩

当2005年以后人们逐渐开始认识到流动性过剩的麻烦，进而讨论如何应对种种由于流动性过剩而带来的难题时，以次贷危机为开端的金融危机爆发了。随后美国和国际金融市场上似乎出现了流动性的逆转。这时为了帮助经济复苏，“量化宽松”的字眼又成了实践和理论的热门，仿佛流动性过剩已经过去了。其实经济学常识告诉我们，全球范围的量化宽松和经济刺激政策，必然埋藏着更严重的流动性过剩隐患。尤其是对于中国来说，金融危机并没有直接在中国爆发，因此中国的国内市场并没有经历过瞬时的、明显的流动性逆转，流动性过剩从来没有消失过。只不过国际流动性输入的压力在危机时暂时得到缓解，由此带来的一系列难题“症状”没有那么严重了。但是2010年开始，中国的流动性过剩问题又再次露出端倪：人民币升值的呼声再次响起；国际收支顺差仍在快速增长；通货膨胀率上升；农产品价格被接连炒作；在房地产价格受到强行压抑的条件下，股票市场开始复苏。等等迹象表明，流动性过剩又一次开始困扰中国经济。

本书的分析视角是站在全球化的开放角度，重点关注流动性输入中国的问题，但是并不否认中国本身货币发行过量也是造成流动性过剩的原因之一。因此，本章试图寻找化解中国流动性过剩的途径，并延续论文的一贯视角，重点分析如何化解国际流动性的输入问题。

6.1 流动性过剩对中国经济的危害

在前面的章节中我们已经看到，因为流动性过剩，中国经济表现出一些不稳定的症状，比如，资产价格泡沫、通货膨胀等。在世界经济衰退、外围市场不确定性因素加大的背景下，中国经济既要面对需求不足抵抗衰退，又要面对流动性过剩带来的种种问题。这对于中国政府的宏观调控带来了前所未有的挑战。我们在这里先来分析一下后危机时代流动性过剩对中国经济的危害。

6.1.1 流动性过剩迫使中国走向经济泡沫化的边缘

过多的货币追逐有限的资产和实物，必然会带来一些投资品甚至重要物资的价格泡沫，还有接下来的通货膨胀。中国的金融市场还不发达，可供投资的金融资产品种少，中国的资产价格主要是指股票和房地产价格，另外过多的货币还有可能去炒作一些重要物资和农产品。

在2005—2007年期间，中国的资产价格开始出现泡沫，表现为股票市场和房地产市场的过度繁荣。据《金融时报》2007年8月27日报道，由于股市的火爆，中国内地上市公司当年上半年一半的利润增长来源于股市。摩根斯坦利证券分析师Jerry Lou表示，在已经公布2007年业绩的上市公司中，2/3的公司利润增长平均达到71%，然而其中来自核心业务的增长仅有35%。他说："我认为市场并没有真正的增值，超过一半的收入增长仅是一次性的事情。"摩根斯坦利数据显示，2006年中国内地上市公司的非运营收入仅占13%，而2007年上半年已经上涨至31%。这相对于一些较成熟的股票市场是不正常的。

在第四章中我们已经描述了中国的房地产价格泡沫问题，尽管从2008年开始有金融危机、汶川地震等事件的影响，但是中国的房地产价格并没有明显的回落，2009年仍然快速上涨。2010年国家针对高房价而采取了一系列的调控干预措施，房地产市场也仅仅出现了交易量增长缓慢地变化，价格却仍在高位增长。2010年1月至6月，商品房销售额19 819.85亿元，同比增长25.4%；商品住宅平均销售价格为4759.67元/平方米，同比增长6.73%。有29个地区商品房销售价格有不同程度的提高，有6个地区商品房销售价格增幅超过25%，有2个地区商品房价格有不同程度的下降，为湖北和西藏，同比分别下降4.11%和20.15%。国家统计局数据显示，2010年6月份，全国70个大中城市房屋销售价格同比继续上涨，同比上涨11.4%，但涨幅回落，比5月份缩小1.0个百分点。

表6.1　2006—2009年房地产开发投资规模及增速

年份	房地产开发投资（亿元）	增速（%）
2006	19422.9	22.1
2007	25288.8	30.2
2008	30579.8	20.9
2009	43127.6	41.0

数据来源：中国统计局网站。

大量的流动性充斥在中国经济体内，必然寻找一切可以炒作的对象来进行增值。一旦房地产和股市的泡沫被及时挤压，大量的资金就会转移到其他地方，从收藏品、普洱茶到2010年的农产品，都成了游资炒作的对象。事实上，在流动性过剩、出口和就业压力增大以及扩张性的宏观经济政策下，要想使资产价格不上涨，或者维持低的通货膨胀率，几乎是不可能的。过多的货币追逐有限的资产和商品，必然会带来泡沫的风险。

6.1.2　中国经济有陷入“滞涨”的危险

“滞涨”这个名词曾经在1970年代困扰了西方世界，甚至到现在，经济学家们也没有能够成功地找到“医治”滞涨的方法，传统的财政政策与货币政策的搭配，在应付滞涨的问题时总会顾此失彼。虽然典型的滞涨是指经济停滞、失业率居高不下与通货膨胀伴随。但是我们如果把这个概念的含义稍微放宽，也就是在经济增长速度放缓而非完全停滞的同时，出现了较高的通货膨胀率和失业率，那么这种状况也可以看做滞涨。

中国经济正处在工业化的中后期，经济增长速度在 2003—2007 年连续五年保持在 10% 以上。纵观世界经济发展的历史，任何国家在经济的腾飞阶段，都获得了高的增长速度。这一点与后工业化的现代国家不同。也就是说我们在判断一国经济增长速度的高低时，不能仅看绝对值，而是要结合该国所处的历史发展阶段来判断。比如美国的经济增长如果能够达到 3% 以上，就是很高的了，而这样的增速对于中国来说，恐怕就算很低了。

2008 年中国经济出现过“滞涨”的身影。在 GDP 增速从 2007 年的 13.4% 降到 9% 的同时，通货膨胀率达到 5.9%。2009 年和 2010 年的经济增长率维持在 9% 左右，但是通货膨胀在 2010 年开始上升，2010 年 9 月 CPI 环比增长 3.6%，11 月 CPI 环比增长 4.4.%，滞涨的危险加大。2011 年，中国的宏观调控面临着控制通货膨胀和保持增长的两难困境，不得不采取积极的财政政策搭配稳健的货币政策。但是美国继续采取宽松的货币政策，导致流动性泛滥，中国所面临的流动性输入问题依然严峻，如果货币政策收紧，比如提高利率，那么热钱的大量涌入又迫使中国的货币供给被动增加，从而增大央行冲销的压力或者削弱我国货币政策的效果。

6.1.3 阻碍中国资本市场的健康发展

作为转型经济体的中国，一直以来金融领域的改革和开放滞后于经济领域，特别是中国资本市场的完善与发展更是相对缓慢。我国一直以银行主导的间接融资为主，企业等主体通过资本市场直接融资的占比很少。目前我国的银行资产占全社会金融资产的80%以上，而四大国有商业银行所支配的金融资产又达到金融资产总量的60%左右。这种金融资产格局所带来的最大问题是间接融资比重过大，直接融资比重过小，使直接融资与间接融资发展失衡。央行的数据显示，2006年我国直接融资与间接融资的比例为18∶82，也就是说，82%的融资来自于银行贷款，而来自于债券市场和股票市场的融资比例极低，只有18%。而在债券市场中，又主要是金融债和国债，对企业生产有直接帮助的企业债也就是6%左右。

由国有银行主导的间接融资体系，更有可能引起信贷配给，加重中小企业融资的困难，阻碍民营企业和中小企业的发展。因此，在金融危机之前，我国曾经加大培育资本市场力度，包括培育机构投资者、开放QFII等。2007年8月14日，中国证监会正式颁布实施《公司债券发行试点办法》，标志着我国公司债券发行工作的正式启动。现阶段我国确实需要拓企业融资渠道、丰富证券投资品种、完善金融市场体系、促进资本市场协调发展。

然而，在全球流动性过剩和中国国内流动性过剩的背景下，再加上通货膨胀预期的影响，大量的投机资金充斥于资本市场，境外热钱频繁干扰，使得中国的资本市场与国际的联系程度大大提高，国际黄金、美元、石油价格走势等等都成为影响中国A股市场的重要变量。在动荡的、投机性高的条件下，中国资本市场制度建设和监管面临着复杂的情况，金融体制改革的难度加大。

6.2 化解中国流动性过剩的两种方式——看似合理实则不可能

中国发生在2002年以后的流动性过剩，既有国内货币政策宽松的原因，更是美元本位制下全球货币泛滥的输入所导致。这一点在第四章中已经被理论分析和实证检验所证实。面对庞大的国际收支顺差和资本流入，通过央行票据来回收流动性，甚至提高存款准备金率和利率等措施，均是权宜之计。只要国际流动性不断地输入中国，那么流动性过剩问题就得不到根治。本节主要探讨两种看似合理的治理流动性过剩的途径，并对其各自的可行性进行分析。

6.2.1 实体经济的增速快于货币增速的可能性

流动性过剩的含义本身就暗含着相对于经济增长的需要或速度而言，货币供给过多或增长过快。顺理成章，如果我们能够实现实体经济的增速快于货币供给增速，那么也就不存在流动性过剩的问题了。遗憾的是，无论是对世界经济还是对中国经济而言，这种状况一直很少出现，将来也不太可能实现。

自从凯恩斯主义经济学成为主流之后，各国政府都很注重宏观调控对经济的影响，试图以货币政策和财政政策来“熨平”经济周期。虽然对于货币是否是中性的争论一直没有统一的定论，但是从各国政府的实践来看，倾向于接受“货币短期非中性”的观点——政府频繁通过利率、货币供应量的中介的调整，试图干预经济主体的预期、行为和经济运行。

对于转型经济的中国而言，政府在经济中的地位依然举足轻重，为了缓解城市化、工业化面临的就业压力，保持经济的高速增长一直是中国追求的首要目标。那么增发货币和积极的投资就经常成为“保增长”的手段，从图 6.1 就可以看出，1999 年以来，中国的 GDP 增长始终没有高过货币供给量的增长。伴随着中国实体经济高增长的，是货币供给更快的增长。在长期的超额货币供给中，也曾经一度出现过“货币迷失”现象：为了应对亚洲金融危机的有效需求不足，中国在 1998—2003 年实行了宽松的货币政策，但是出现了“宽松货币政策下的通货紧缩”现象。这说明大量新增货币供给偏离了货币政目标，在货币传导过程中发生“货币迷失”，这些超额发行的货币在一定时期内既没有引起物价水平的上涨，也没有推动经济增长。对于货币迷失的原因众说纷纭，大概有这几种解释：(1) 货币传导渠道受阻。裴平、韩贵新（2005）[①] 认为在金融市场不完全有效和市场参与者对价格信号不敏感的现实生活中，货币政策传导过程并不是畅通无阻的，货币在传导过程中“渗漏”出去、迷失于非实体经济，而没有直接作用于生产、流通和消费等实体经济领域。货币迷失的渠道主要有股票市场、银行滞留和地下经济等。(2) 资本外逃。在亚洲金融危机之后，由于人民币汇率高估等原因，中国的资本外逃规模开始增大，据测算（吴少新、马勇，2005）[②]，1998 年我国的资本外逃规模在 88.17 亿美元，2001 年资本外逃规模开始迅速扩大，达到 738.17 亿美元；此后一直存在大规模的资本外逃，2004 年则出现了资本外逃和热钱涌入并存的局面。

但是从 2003 年下半年开始，中国的通货膨胀率开始上升达

---

① 裴平、韩贵新．迷失的货币与突发性通货膨胀［J］．江苏行政学院学院，2005（1）：39－44．

② 吴少新、马勇．中国资本外逃的规模测算：1988—2004［J］．湖北经济学院学报，2005（3）：23－29．

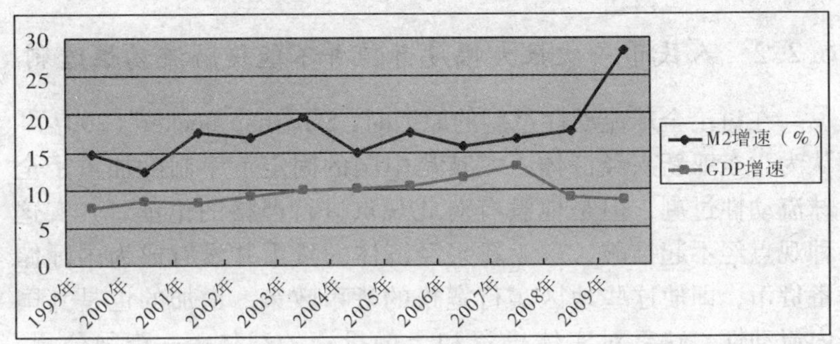

图 6.1 中国的货币增速与 GDP 增速

到3%以上，货币政策开始转向稳健，迷失的货币又突然涌现，于是又出现了“紧缩货币政策下的通货膨胀”。加上大量的国际资本流入，中国的货币供给数量虽然和以往差不多，但是这一阶段的超额货币供给却带来了明显的流动性过剩问题。

中国的货币政策目标是：“保持币值稳定，并以此促进经济增长”。经济增长始终是第一位的，政府忌惮过于紧缩的货币政策会损害经济增长。历史经验证明，只有在经济出现了明显的通货膨胀时，中国的货币政策才开始“稳健”，一贯慎用“偏紧、紧缩”等说法。可见，即使中国经济发生了通货膨胀，只要没有达到两位数的危险境地，中国就不太可能将货币供给增长控制在低于 GDP 增速的水平。

此外，在全球流动性过剩的大环境下，对于治理中国的流动性过剩来说，紧缩性的货币政策效果受限。因为，在美国、日本和欧洲实行宽松货币政策期间，如果中国提高利率形成内外利差，就会造成境外资本基于套利而流入，加重国内的流动性输入程度。而且，过紧的货币政策还可能损害国内企业的投资和竞争力，使得企业在世界经济衰退期的运行更加困难。

6.2.2 人民币一次性大幅度升值并不能缓解流动性过剩

在讨论全球流动性过剩的原因时，Sebastian Becker（2007）①认为，东亚新兴经济体，尤其是中国的固定汇率制度加重了全球流动性过剩，但是他没有对此观点进行严格的论证。其实这种观点经不起推敲，东亚新兴经济体的货币并没有成为国际储备货币，即使这些地区实行宽松的货币政策，增加的也是其国内流动性，缺乏对实体投资和金融投资的载体——跨国公司，因而，东亚新兴经济体的国内货币政策并不能影响全球流动性的供给。倒是日本的长期低利率政策使日元泛滥，基于套利目的的日元投资在国际金融市场上成为一只活跃的力量，给国际金融市场带来动荡。

至于中国的人民币汇率相对稳定或低估，更不能说明是加重全球流动性泛滥的因素，而只是造成外部流动性输入中国的一个动因。比如人民币汇率稳定，为中国的外贸企业规避了汇率风险，汇率的低估也增强了中国产品出口竞争力，这样形成了贸易渠道的流动性输入。另一方面，由于人民币升值预期带来了国际短期投机资本的大规模涌入，又成为国际流动性输入中国的另外一个渠道。因此，确切地说，东亚经济体的固定汇率以及人民币汇率低估，使这些地区成为全球流动性过剩的“洼地”，东亚国家大规模的外汇储备积累也证明国际流动性的输入事实。

既然热钱的涌入是境外流动性输入中国的一条重要渠道，而且热钱涌入的动因之一就是人民币升值预期，因此只要人民币升值预期存在，就必然有国际投机资本涌入中国。一旦人民币升值预期消失，热钱也就不再涌入，反而可能会离开中国。

---

① SEBASTIAN BECKER. Global Liquidity Glut and Asset Price Inflation. Deutsche Bank Research, 2007（5）.

现在看来，人民币汇率是否应该升值已经没有争议了。事实上自2005年开始人民币已经走上了升值之路，但是另外一个关键问题仍然不断地困扰着人们：人民币到底应该升值多少？对于这个问题的回答本质上就是预期热钱从流入转入流出的那个转折点在哪里？不论人民币是逐步缓慢升值还是一次性升值到位，只要升值空间消失，就意味着短期投机资本的转向时刻到来。因此，经常有专家和学者提出让人民币一次性升值的建议，认为这样才能打消升值预期，遏制热钱的不断流入。

实际上，对于人民币汇率低估的程度即升值空间问题，大量的学者进行过测算的尝试，得出的结果不尽相同。西方学者主要采用宏观经济平衡法和扩展的购买力平价法测算人民币均衡汇率。Coudert and Couharde（2005）用宏观经济平衡法测得人民币低估了23%；而用扩展的购买力平价法进行测算，结果差异非常大，对人民币汇率的评价从"没有低估"或"轻微低估"到"低估49%"不等，并没有一致性可言。① 国内学者对人民币均衡汇率的研究，大多得出了人民币汇率在不同阶段存在低估或高估的失衡现象，但是对于2002—2005年期间的人民币低估程度，得出的结果也各有差异。冉茂盛等（2005）② 的估算结果认为，2002年二季度以后的时期，人民币实际汇率表现为低估，其中2003年二三季度低估程度都超过了8%，2003年四季度和2004年一季度低估程度分别达到了10.8%和12.5%，并且有逐步扩大的趋势。由此可见，即使按照西方学者所估算的结果，人民币兑美元汇率从2005年7月21日的8.11∶1升值为2010年12月31日的6.6229∶1，已经升值了22.5%，也已

① 韩龙. 评西方对人民币均衡汇率的评估［J］. 上海金融，2008（8）：68－71.

② 冉茂盛，等. 人民币实际汇率失调程度研究［J］. 数量经济技术经济研究，2005（11）：45－50.

经升值的差不多了。至于目前的人民币汇率是否还存在低估以及低估的程度，又出现了不同的争论。项后军（2010）的实证分析得出的结论是，在2007年4月人民币汇率发生了结构突变，升值性汇改政策的实施，不仅基本扭转了汇率长期处于低估的局面，还导致其出现了一定程度的高估（截至2008年年底，约高估10%）。[①]可见，现在再来谈论人民币是否应该一次性升值已经失去了意义，并且很可能会正中投机家的下怀。也许当前更为重要的是，如何控制热钱的流动，避免热钱迅速撤离带来的金融冲击和动荡。

6.3 人民币国际化——疏导过剩流动性的必然选择

在前面的章节中我们分析过，国际流动性通过多种渠道输入中国经济体内，再加上经济腾飞阶段的超额货币供给，加重了中国国内流动性过剩的状况。而人民币的国际化程度还比较低，中国的对外投资规模仍然较小，因此货币流动性在中国呈现出“宽进严出”或者“只进不出”的特点。上节我们还对于两种理论上似乎合理的治理流动性过剩的途径进行了实际分析，发现中国既不可能采取过于明显的紧缩货币政策，也不应该实行人民币一次性升值到位的方法来缓解流动性过剩。全球化以及国际分工和经济格局、国际货币体系也不是短期内可以改变的，因此，换个角度来看，寻找人民币输出的方式也可以缓解流动性过剩。为此，本节专门讨论人民币国际化的问题。

① 项后军，潘锡泉. 人民币汇率真的被低估了吗？［J］. 统计研究，2010（8）：21－32.

6.3.1 人民币国际化的必然性

中国经济规模的增长速度是世人共睹的，2010 年中国 GDP 总值已经超过日本成为世界第二大经济体。毫无疑问中国在世界经济体系中已经是个经济大国。而目前人民币还不能自由兑换，在国际贸易结算和直接投资领域的运用比例还很小，中国在国际金融事务中的话语权还比较弱。从而产生了这种大国经济与小国货币的不匹配。

美国经济学家麦金农提出了“小国货币原罪”说：如果小国经常项目不断逆差，它就要靠借外债来弥补其贸易逆差，这会导致其货币不断贬值，积累的债务负担越来越重，直到破产边缘（20 世纪 90 年代初的拉美国家外债不断膨胀就是如此）；如果小国经常项目顺差，就会不断积累外汇储备，本币不断升值，外汇储备不断缩水，国内流动性充斥，资产价格高企，直到发生泡沫经济（20 世纪 80 年代初到 90 年代的日本就是一例）。只有保持经常项目收支平衡，且与大国货币汇率保持稳定，才能避免损失。即使是美元滥发引起美元贬值趋势，也是一样，小国必须调整以跟上美元贬值的步伐，不然自己货币升值过大或过小，都会引致大量对本币的投机活动，直至引起本国经济衰退（1997 年东南亚金融危机时的泰国等）。不管本国的情况如何，货币小国都必须适应国际本位货币国家的货币政策，当国际本位货币发行国调整货币政策或者遇到较大问题的时候，货币小国必然会受到牵连。这就是美元霸权下小国货币附庸地位的悲哀。

进入 21 世纪以来，中国正面临着像 20 世纪 80 至 90 年代的日本相似的状况，以美国为首的西方国家经常对人民币汇率问题发难，把人民币汇率作为全球经济失衡的替罪羊，逼迫人民币升值。在中国经济融入全球经济体系的今天，人民币的国际化是一种必然的选择。当前国家间经济竞争的最高表现形式就是货币竞争。如果人民币对其他货币的替代性增强，不仅将现实地改变储备货币的分配格局及其相关的铸币税利益，而且也会对西方国家的地缘政治格局产生深远的影响。

6.3.2 人民币国际化的条件

人民币国际化的含义包括三个方面：第一，是人民币现金在境外享有一定的流通度；第二，最重要的是以人民币计价的金融产品成为国际各主要金融机构，包括中央银行的投资工具和储备货币，为此，以人民币计价的金融市场规模要不断扩大；第三，是国际贸易中以人民币结算的交易要达到一定的比重。这是衡量货币国际化的通用标准，其中最主要的是后两点。

作为全球第二大经济体，中国经济快速持续的增长形成了良好的预期，人民币在较长一段时间以内也表现出稳定坚挺的币值，增强了其可接受性，中国拥有全球最多的外汇储备，这些都表明人民币已经具有了成为国际货币的可能性。2007 年开始的全球金融危机已经从经济基础和政府信用两方面造成美元本位制基础的松动，而且自 2005 年开始人民币汇率形成机制发生了变化，走入升值通道，也给人民币国际化带来了机遇。但是人民币国际化是个渐进的过程，其成功至少需要三个基本条件：

（1）经济的可持续发展。这一条件有赖于中国经济转型的成功，以本土消费市场的拓展、技术进步、产业升级和经济运行效率的提高为主要特征。尽管当前中国经济被通货膨胀的阴影所笼罩，但是只要不出现恶性的通货膨胀，中国的“人口红利”将在今后相当长的一段时期内推动经济处于高储蓄、高投资和高增长的状态。再加上中国的城镇化进程还远远没有完成，在国际分工中的比较优势——廉价的劳动力成本还依然明显，因此，中国经济的可持续发展还是可以预期的。

（2）建立亚洲国际金融中心，也即本土拥有规模巨大、流动性、安全性和成长性兼具的现代化金融市场体系。在全球流动性过剩的环境中，金融市场和虚拟经济的繁荣是必然的。因为超出实体经济需要的流动性必然会创造出庞大的金融产品和货币投机需求。人民币国际化除了要实现贸易体系的结算和计价功能外，还需要大量的以人民币计价的金融产品和开放的国际金融市场。目前中国香港已经成为重要的国际金融中心，上海也具备了一定的条件培育成为亚洲国际金融中心。

（3）中国的货币管理当局要具备应对大规模外部冲击的实力和应对货币冲击的技巧和经验。人民币国际化必然伴随着资本项目的开放，在人民币输出境外作为国际结算和储备货币的同时，国际资本进出中国也就更加便利。实际上我们最担心的就是，如果境外资金大进大出引起资产价格大幅度波动，引起大规模呆坏账，造成银行和金融机构的危机以及倒闭风潮。正因为控制风险的考虑，中国的资本项目开放实行了逐步推进的方式。但从中国的历史发展路径来看，中国尚没有发生自酿的金融危机。在以私有制为主的经济体中，呆坏账是一切倒闭事件的根源。资本主义市场经济要通过银行倒闭、经济紧缩和大量失业的痛苦来消除呆坏账。而中国创造了“剥离呆坏账”的方法，这也是中国曾长期存在高呆坏账率，却没有金融危机的根本原因。

6.3.3 人民币国际化的现状与途径

人民币国际化是一个长期的战略，也是一个逐步有序推进的过程。当前人民币国际化的步伐也正在加快。

6.3.3.1 人民币作为支付和结算货币已被许多国家所接受，在周边国家和地区已经出现了人民币的境外流通

我们前面已经提到过，国家外汇管理局研究人员的调查统计表明，人民币每年跨境的流量大约有1000亿元，在境外的存量大约是200亿元。中国人民币供给量（M_2）约为20 000亿元，这意味着境外人民币大约是人民币总量的1%。[①] 由此可见，人民币已经在一定程度上被中国周边国家或地区广泛接受，人民币国际化处于渐进发展的阶段。从近几年人民币在周边国家流通情况及使用范围可分为三种类型：第一种，在新加坡、马来西亚、泰国、韩国等国家，人民币的流通使用主要是伴随旅游业的兴起而得到发展的。第二种，在中越、中俄、中朝、中缅、中老等边境地区，人民币的流通使用主要是伴随着边境贸易、边民互市贸易、民间贸易和边境旅游业的发展而得到发展的。第三种，在中国的香港和澳门地区，由于内地和港澳地区存在着密切的经济联系，每年相互探亲和旅游人数日益增多，人民币的兑换和使用相当普遍。由于港币可以随时兑换成美元，实际上人民币也可以随时通过港币这个中介兑换成美元。据专家估算，目前在香港流通的人民币已达700多亿元，成为仅次于港币的流通货币。

6.3.3.2 跨境人民币结算规模快速增长

中国正在开展的跨境贸易和投资人民币结算试点是为应对国际金融危机而采取的具体举措，目的是促进贸易和投资便利化，人民币跨境贸易结算规模快速增长，说明这一措施适应了市场需求。2009年7月2日，六部委发布跨境贸易人民币结算试点管理办法，我国跨境贸易人民币结算试点正式启动。2010年6月，中国人民银行、财政部、商务部、海关总署、国家税

① 数据来源：中国金融网。http://www.zgjrw.com/News/2010823/home/358676049210.shtml。

务总局、中国银行业监督管理委员会联合下发了《关于扩大跨境贸易人民币结算试点有关问题的通知》，第二批跨境贸易人民币结算试点正式启动。境外试点地区由港澳、东盟地区扩展到所有国家和地区；境内试点地区由上海市和广东省的广州、深圳、珠海、东莞扩大到全国 20 个省（自治区、直辖市）。央行在 2011 年 1 月 13 日对外公布了《境外直接投资人民币结算试点管理办法》。这份文件规定，境内非金融企业在设立、并购、参股境外企业和项目时，可以直接使用人民币资金，因而将跨境贸易人民币结算试点，推进至更高的层面。2010 年银行累计办理跨境贸易人民币结算业务 5063 亿元

6.3.3.3 改革至今，中国资本账户下的大部分子项目已有了相当程度的开放

在国际货币基金组划分的七大类 43 项资本账户交易中，目前我国有 20 个资本账户交易基本不受限制或较少受限制，人民币资本账户下已经实现了部分可兑换。[①] 现在香港已经可以自由兑换人民币了，只不过是地下黑市，因此，在一定程度上来看，人民币已经通过港元也就间接地实现了自由兑换。但是从全球来看，迄今为止几乎没有任何一个国家实现了完全自由的货币可兑换，大多数实行汇率目标区制度。因为一旦资本可以自由进出进行跨境投资，就会对本国的金融市场和本币的汇率带来冲击。因此，我国对于资本账户的开放采取了逐步渐进的方式。人民币的自由兑换还需要一些条件成熟后才可以实现。这些条件包括：①人民币汇率制度应该实现浮动汇率或者有管理的浮动汇率，这样才能在资本自由进出的同时维持货币政策的独立性。②利率市场化。如果没有利率市场化，很容易诱发套利活动和外汇投机。③完善的金融市场和成熟的金融机构。只有本

① 施建淮．中国资本账户开放：意义、进展及评论［J］．国际经济评论，2007（6）．

国的金融体系具备了足够的广度和深度，才能在与国际金融市场接轨后，灵敏地应对来自国际金融市场的各种冲击。

目前，人民币的国际化步伐已经迈出，正在逐步推进。接下来中国应该密切关注国际金融和经济形势，抓住时机适时加快人民币国际化的进程。为此，可以采取以下途径：

（1）通过海外销售渠道的建设和产品质量的提升，增强海外客户对中国金融产品的依赖性，并逐步开发各类人民币计价的金融产品，推动人民币国际资产市场的形成和发展，逐步建立境内外资金监管协调机制，同时辅以人民币贸易融资以推动进出口产品的人民币计价与结算。

（2）快速提升金融服务业的国际化程度。一方面加快金融服务业的对外开放，允许开设更多的外资银行子公司、外资背景的各类金融机构经营人民币业务，通过国内金融服务业市场的有序竞争提高市场效率和服务质量。

（3）在人民币不能完全可兑换、资本流动仍受控制的情况下，可在人民银行提供的清算安排等制度支持下，将滞留境外的庞大人民币存量吸引至香港金融市场，创造各种人民币需求业务，共同维护金融体系稳定。

（4）中国目前应该做好准备，在美元危机时承诺人民币部分自由兑换，可以在市场需要时由中国人民银行提供给美联储大量人民币以购买美元，这样可以缓解美元过多的问题，这意味着中国主动用人民币在世界上收购美元。在国际市场上大幅度增加人民币供给，减少美元的供给，既可以缓解人民币升值的压力也可以缓解美元贬值的压力。当然，其结果是人民币将部分地替代美元的国际货币地位。

6.4 改革外汇管理体制

但凡关注人民币汇率问题和中国外汇储备问题的研究者大都思考过我国外汇管理体制的改革问题。本书在全球化的历史过程中，结合当前的国际分工体系和国际货币体系，来分析中国不可避免的外部流动性输入问题，在分析中国外汇储备快速增长，从而造成货币供给的被动投放的时候，我们也必然考虑通过中国外汇管理体制的改革来缓解流动性过剩问题。

6.4.1 藏汇于民，切断外汇储备与货币供应的直接联系

迄今为止，我国依然实行比较严格的外汇管制。1994 年外汇管理体制改革以后，我国实行的是强制结售汇制度。强制结售汇的实施在改革开放初期为我国积累了大量的外汇储备，但是弊端也逐渐明显：一方面，强制结售汇制度导致外汇市场形成了“无条件的外汇供给和有条件的外汇需求”，这种制度安排夸大了人民币升值的压力，却隐瞒了人民币贬值的压力，造成了外汇市场上外汇供大于求的虚假局面；另一方面，从货币政策操作角度，在强制结售汇制度下，央行需要不断买入商业银行卖出的外汇，这带来外汇储备的不断增长，同时意味着基础货币的投放。为防止基础货币不断投放给国内经济带来流动性过剩问题和通货膨胀的压力，央行又需要不断地通过公开市场操作回收资金，央行货币政策的独立性因而受到很大的牵制。遵循循序渐进的原则，改强制结售汇制度为意愿结售汇制度，可以说是势在必行。我国外汇储备管理体制改革，就持有主体多元化而言，就是要将原先集中由中国人民银行持有并形成官

方外汇储备的格局，转变为由货币当局、其他政府机构和企业与居民共同持有的格局。通过限定货币当局购买并持有外汇储备规模，有效隔断外汇资产过快增长对我国货币供应的单方向压力，并据以减少过剩流动性，确保货币当局及其货币政策的独立性。①

事实上，自1994年外汇管理体制改革以来，央行一直在对强制结售汇制度进行渐进式改革，意愿结售汇的部分也从当初的20%逐渐提高。2007年8月，国家外汇管理局发布《关于境内机构自行保留经常项目外汇收入的通知》，取消境内机构经常项目外汇账户限额，境内机构可根据自身经营需要，自行保留其经常项目外汇收入，经常项目下的强制结售汇制度已经转变为意愿结售汇。所以目前我国在经常项目下已经实行了意愿结售汇制度；但是在资本项目下还是强制售汇制度。

6.4.2 “藏汇于民”在短期内的实质影响有限

在人民币升值的过程中，实行意愿结售汇藏汇于民的风险较小。但是这一措施的实质性影响有限。对企业来说，虽然被赋予了根据自身经营保留外汇的“选择权”，但是从短期来看，企业未必使用这种权利。因为在本币处于升值的过程中，企业可能不会选择保留外汇，只有当本币处于贬值情况下，企业才会考虑保留外汇而舍弃本币。此外，由于我国的外汇市场不发达，外汇的避险工具也不完备，企业倾向于在收汇后马上到银行结汇。也就是说，企业不会因为强制结售汇改为意愿结售汇，就保留更多的外汇，而是结合自身的情况、宏观经济环境和汇率变化等多种因素进行综合考虑。

对于个人而言，由于不能自由投资于境外的金融资产和房

① 孔立平，朱志国．对外汇储备激增与流动性过剩关系的理论分析与实证检验［J］．石家庄经济学院学报，2008（2）．

地产，个人对持有外汇的需求也是非常有限，主要是出国留学、旅游和消费所需要的外汇，规模并不是很大。

因此在短期内“藏汇于民”措施并不能立即隔断外汇储备与货币供应量的联系。但是从长期来看，这一项改革是必然的选择。

6.5 进一步鼓励境内资本“走出去”对外投资

一直以来，中国采取了“奖出限入”的贸易政策，在直接投资和金融投资方面，也同样是宽进严出。正如前文分析的，国际流动性通过各种途径输入中国，但是中国国内的资本和流动性却难以流出到国际市场。这就好比一个蓄水池，进水口多而出水口少，势必会加重国内的流动性过剩和通货膨胀等问题。因此，解决的途径之一也应该考虑促使国内资本输出。

6.5.1 鼓励中国企业对外直接投资

随着全球化进程的深入，特别是进入21世纪以来，中国的企业无论是在本国市场上还是国际市场上，都面临着来自全球各国企业的竞争。中国经济高速增长也产生了一大批逐渐壮大的企业，2000年开始我国实行了鼓励企业“走出去”的战略。在“走出去”战略的推动下，对外直接投资迅速发展，从2000年的6.2亿美元增长到2007年的210亿美元。尤为值得关注的是在金融危机的背景下，我国对外直接投资逆势上扬，2008年对外直接投资达到559亿美元，2009年中国对外直接投资480亿美元，成为世界第六大海外投资国。截至2009年底，“走出去”的中资企业约有1.4万家，遍布全球上百个国家和地区。

2009年下半年至2010年上半年，中国的海外并购活动出现爆发式增长，交易总额达342亿美元，完成的海外并购交易共有143宗，平均每季度有36宗。

从对外投资的驱动因素来分析，中国公司的跨国投资主要有三类。一类是大型国有企业或国有控股公司，主要投资开发资源类领域。第二类是民营与股份制公司，投资国别与领域多元化，主要是为了获得关键技术和品牌提升自身在价值链中的地位，这种情况当前在汽车业最为普遍。第三类是为了进军国际市场而兼并收购国外的企业。但是中国企业走出去对外直接投资并不是一帆风顺的，大型国有控股企业在通过兼并收购来进行海外投资时，往往会因为其他国家以国家安全为名而受阻。据麦肯锡统计数据显示，在过去20年的全球大型企业并购或者兼并事件中，真正取得预期效果的只有50%，而中国有67%的海外收购不成功，经济损失数额巨大。

当前世界经济危机使西方国家的制造业面临调整，这对中国企业而言是一个机会。按照“投资发展路径假说”，中国经济总体上已经到了海外投资大规模增长的阶段。因此应该继续加大对外投资力度，特别是制造业领域的海外投资。政府可以在政策、金融和法律方面给予国内企业对外直接投资以援助，特别要鼓励非国有企业对外直接投资。

6.5.2 扩大对外金融投资

近年来我国外汇管制有所放松，比如将个人购汇额度扩大到每年5万美元，放行QDII等措施，都有助于对外资本输出。中国近年来迅速积累的大规模的外汇储备需要保值增值，因此以主权财富基金形式的对外投资也迅速发展。

2006年7月，中国工商银行推出首只银行系QDII产品，同年11月，国内首只基金试点QDII产品——华安国际配置基金正式成立。2007 年 5 月，中国银监会颁布了《关于调整商业银行代客境外理财业务境外投资范围的通知》，取消了商业银行 QDII 产品“不得直接投资于股票及其结构性产品”的限制性规定，将股票及其结构性产品纳入银行 QDII 产品投资范围。随后中国陆续出现了面向海外配置投资的基金，并一度备受追捧。但是由于紧接着爆发了国际金融危机，发达国家的房地产和金融市场大幅下跌，使得 QDII 产品的收益率下降。其发展速度和规模的扩大也比较缓慢。截止到 2010 年底，外汇管理局共批准 88 家 QDII 机构，境外证券投资额度共计 684 亿美元，QDII 项下累计汇出资金 787 亿美元，累计汇入资金 502 亿美元（含投资本金及收益），累计净汇出资金 285 亿美元。

为了充分利用丰富的外汇储备，中国投资有限责任公司（CIC）已于 2007 年成立，注册资金 2000 亿美元，是主权财富基金模式最新也最重要的案例，从此世界金融市场上又诞生了一个颇具实力的主权财富基金并开始了其对外投资的行为。尽管 CIC 成立不久就发生了金融危机，也因此而遭受了巨大的投资损失。但是，也正是主权财富基金在金融危机中发挥了救助的作用。危机发生后，西方各国需要钱，而主权基金正好拥有大量的资金。于是我们第一次看到，亚洲的主权基金可以挽救深陷危机中的美林、花旗等金融巨头。也只有主权基金，才能在短时间内拿出数额巨大的资金用于救助；才能将这样庞大的救助计划支持到今天。与之相比，对冲基金虽然也拥有大规模的资金实力，但是它们更加的不稳定并具有破坏性，因此，主权基金在世界市场上的影响力越来越大，不仅影响世界经济和金融的发展，而且还影响着世界政治格局。摩立特集团发布的 2010 年 1 至 6 月《主权财富基金半年报》称，受世界经济形势好转的影响，全球主权财富基金在 2010 年上半年的交易量和交易额比上年同期增长一倍。而中国投资有限责任公司成为了同期最大的投资机构，其公开披露的14宗投资，涉及金额达73亿美元。中投也延续了2009年的投资战略，集中投资于自然资源、电力等行业以满足经济发展中对于能源与金属的需求。可见，运作好中国的主权财富基金，是舒缓流动性过度输入的一个重要方式。

然而，目前中国的普通企业和个人投资者仍然不能直接买卖境外的金融资产和房地产。[①] 李稻葵认为，为了抑制通货膨胀可以引导有钱的国人在被控制的情况对外投资，而且强调一定是可控的对外投资。如果允许中国公民自由对外投资，我们认为可能会带来如下的风险：①中国的很多股民会卖掉中国的股票，转而去购买美国、日本、欧洲等地的股票[②]，其原因是中国的股市只有圈钱而没有分红，只有投机的价值而没有投资的价值。而国外成熟的股票市场更具有投资的价值。②中国的很多投机者会卖掉在中国的房子，转而去买国外的房子。其原因是，那些地方的房子很多比中国的还便宜，而且是永久产权，更具有投资价值。据英国《金融时报》2011年3月30日的报道，来自中国内地的买家已经成为目前伦敦市中心高端房产的最大买家，中国买家在高端房产方面的平均开支为650万英镑，超过同期在伦敦买房的其他60个国家和地区的买家。这样看来，外汇管制和资本出入管制的确是一道防火墙，现行的外汇政策对普通内地居民置业仍有较大的阻碍。

① 目前海外地产商只能接受外汇付款方式，通过汇丰银行按揭，因此，其主要目标客户是拥有海外账户的购房者。

② 当然，中国普通投资者可能不具备分析海外金融投资信息以及管理海外投资的能力，但是可以通过QDII来进行。

6.6 改革国际货币体系

在本书的分析中，国际货币体系是作为制度性的因素来发生作用的，中国的输入性流动性过剩也是由于当今国际货币体系的特点造成的。随着全球经济一体化程度的加深，当国际货币体系的弊端阻碍了世界经济平衡发展和全球化的必然历程时，就会发生制度变迁的需求。

6.6.1 新特里芬难题

全球化使各国经济紧密联系，世界经济周期的一致性和整体性也越来越明显；但是在货币领域，以美元为核心的信用货币体系必然会产生美国的国家利益与世界经济整体利益的矛盾。充当“世界中央银行”的美联储，必然存在滥发货币“以钱生钱”的内在驱动。很多学者认为，当前的国际货币体系仍然存在特里芬难题，并称之为“新特里芬难题”。

20 世纪 60 年代罗伯特·特里芬的《美元与黄金危机》一书中就提出，任何一个国家的货币如果充当国际货币，必然在货币币值稳定方面存在两难境地。特里芬难题实际上也是导致布雷顿森林体系崩溃的原因。在当今“美元本位”下，虽然国际储备货币是多元的，但是问题的实质仍然没有发生变化，国际清偿力需求仍要依靠储备货币（主要是美元）国的逆差输出来满足。20 世纪 90 年代以后，特里芬难题再次被提出，人们认为牙买加体系的浮动汇率制度只是缓解而不能根治特里芬难题。美国只有通过国际收支逆差来满足世界经济发展和全球化的国际清偿力需求，并从别国获取铸币税和真实资源；而美国的国际收支逆差又影响了美元的稳定。McCauley 在国际清算银行 2003 年第一季度经济评论中，考察了美国和东亚国家的资本流动状况，认为美国通过负债的方式从东亚吸收资本弥补逆差，而东亚国家用经常项目顺差为美国融资，当这种资金循环效应难以持续的时候，就会出现危机。中国在这种循环机制中发挥的作用越来越突出，近年来中国确实积累了大量的外汇储备，这些储备成了“烫手的山芋”，因为中国外汇储备的 70% 左右是美元资产，美元的贬值使中国承受了巨额的损失。

“特里芬难题”的政策含义是：对国际清偿力的满足不可能长久地依靠主权国家货币的逆差输出来实现，依靠主权国家货币来充当国际清偿力的货币体系必然走向崩溃，即使是美元、欧元、日元或人民币三足鼎立的货币体系也难逃这个问题的困扰。另一方面，从国际经济结构不平衡的角度来分析，新兴经济体的出口导向发展模式和美国低储蓄、高消费的增长模式是一个互相强化的正反馈过程，也很容易走向危机。但是我们应该知道，即使没有这些结构性因素的推波助澜，国际货币体系也面临特里芬难题，这是同一件事情的两种说法。

6.6.2 国际货币体系的未来走向

次贷危机动摇了美元作为国际货币体系唯一核心货币的基础，改革现有国际货币体系的呼声日益高涨。但由于利益纠葛复杂，2008 年 11 月 9 日和 10 日的 G20 会议并没有对未来货币体系的发展方向和改革形式形成建设性想法。那么国际货币体系未来的改革方向应该是怎样的呢？一般的理论分析表明，未来国际货币体系的演变，可能有三个阶段：近期仍然是由美元继续担当全球主要货币；中期形成多元化的国际货币体系；长期则趋向于创立超主权的全球单一货币。如果使用单一的全球货币，市场将不再需要累赘的货币兑换，也不需要应付汇率的波动而进行昂贵的对冲，货币投机、货币危机的风险和收支失衡等问题都会消失。

首先，在短期内美元在国际货币体系中的地位仍然最重要。美元本位制的核心是美元的计价机制和储备职能，目前美元在国际储备货币的构成中仍然占有最多的份额，大部分国际贸易，特别是主要商品（石油、黄金）、大部分期货交易和离岸美元市场上的各种金融产品都是美元计价。通过美元计价的机制美国就可以影响世界市场的价格。虽然欧元的诞生打破了美元的一元格局，但是欧元在国际储备资产中所占的比例也不过20%多，再加上欧元区近年来面临着主权债务危机，也阻碍了欧元对美元的替代，欧元还不具备动摇美元地位的条件。

其次，世界经济格局在演变，多元化的趋势也已经初露端倪。2010年欧盟的GDP总量已经超过美国，中国GDP总量超过日本名列第二，占到美国的39%，而中国和日本GDP之和已经达到美国GDP的76%。可见亚洲在世界经济中的地位已经相当重要，但是在国际货币体系中，日元和人民币所占的比例却微乎其微。日本没有能够在其经济高速增长的同时成功实现日元的国际化，加上没有处理好本币升值期间汇率政策与国内货币政策的协调，从而"失去了20年"，中国应该引以为鉴。

经济全球化必然要经历区域经济一体化的阶段，全球货币体系的改变很可能要经历区域货币的阶段。除了目前的欧元区以外，亚洲作为世界经济增长的一个重要引擎，随着亚洲各国经济的融合和共生性的加强，再加上金融危机的威慑作用，亚元的诞生也并不再是遥不可及的空想。虽然很难设想中国和日本等亚洲主要国家会愿意放弃自己的货币，但可以首先设立由亚洲地区某一组货币组成的共同货币，争取在每个国家不放弃本币的情况下，让一种区域性货币在亚洲流通，进而扩大效应，从"小亚元"而"大亚元"，逐步形成一个美元、欧元、亚元鼎立的多元化世界货币体系。因此，人民币的国际化进程就必须要加快，至少应该争取在亚洲经济中发挥着类似区域“锚”货币的作用，如果日元和人民币都不能顺利地充当锚货币，那么亚元的产生就会有更多的阻力。

最后，从长期的发展的眼光来看，全球化的终极就是经济一体化，那么货币的统一也是终极趋势，只有世界单一货币才能解决特里芬难题，虽然这一过程可能很漫长。在后危机时代，超主权货币导向的国际货币体系改革备受关注。超主权货币不仅克服了主权信用货币的内在风险，也为调节全球流动性提供了可能（周小川，2009）。但是基于目前的状况，构建一种持续稳定的超主权信用货币体系面临两方面困难：一是货币的设计；二是国际货币体系运行模式的选择。从历史经验看，成员国放弃全部政策主权的模式只能是建立在真正的政治一体化基础之上的，尽管全球范围内的经济一体化程度不断加深，但是政治的多元化决定了此种模式在现实的国际环境中不具有可行性。在超主权信用货币体系中，对成员国政策的外部纪律约束失效会极大地威胁货币价值和体系本身的稳定。① 全球化到了一定的阶段，其面临的阻碍就不仅仅是经济问题，而是各国政治和文化冲突与融合的问题。

6.6.3 黄金＋碳货币：世界单一货币的构成基础?

设想世界单一货币的产生过程并没有经历三足鼎立的阶段，如果美元崩溃后，世界上再找不到任何一个主权货币来代替美元，信用货币制度将面临最后清算，那么世界单一货币基础又可能是什么呢？目前有人认为黄金很可能会再次货币化，但是恢复完全的金本位制已经是不可行的了。黄金单独作为现代货

① 张向军. 后危机时代国际货币体系改革的前景：欧元的经验和启示.［J］国际金融研究，2010（9）.

币制度的支柱具有缺陷，最大的问题是黄金的产量增速赶不上世界经济的增速，黄金在强化其财富储藏功能的同时，却遏制了价值尺度和流通手段功能的发挥。所以黄金还需要一种稀缺的、具有弹性的、强大的补充元素，才能构成可以稳定的货币体系。

"煤炭—英镑"和"石油—美元"的崛起展示了一条简单而明晰的关键货币地位演化之路。循此规律不难发现，在低碳经济成为各国经济增长目标模式的未来，新的能源贸易——碳信用交易，正是联结新能源组合和新能源利用模式的核心。宋鸿兵认为，碳货币成为世界单一货币构成元素的可能性最大。这不仅是因为它在理论上的合理性，更根本的原因在于，使用碳货币可以最大限度地满足世界统治精英的战略意义。① 如果美元崩溃，而采取"黄金 + 碳"货币为基础的世界单一货币，将面临新一轮的全球利益分配，西方国家将是最大的赢家。

根据国际货币基金组织（IMF）的数据，2008 年 9 月全球黄金储备为 8.473 亿盎司，其中美国拥有 2.615 亿盎司，欧元区拥有 3.5 亿盎司，全球占比分别高达 30.8% 和 41.3%，其他经济体的占比总共不及 30%，欧美借由高比例黄金储备将可能在复辟金本位的过程中获得货币霸权。美元崩溃后美国将可以赖掉大部分的债务，其中受损最大的就是外汇储备最多的中国。如果二氧化碳排放量被货币化并成为世界货币的元素之一，对于已经完成工业化的西方国家仍然有利。目前，欧元是碳交易现货和碳衍生品场内交易的主要计价结算货币。而中国正处于工业化中后期，经济增长的粗放方式没有改变，未来碳货币的实行可能会给中国带来巨大的环境罚款单。但是碳交易市场供给方比较多元，包括发达国家、转型国家和发展中国家，不像石油供给高度依赖欧佩克，所以很难形成唯一计价货币的约定，

① 宋鸿兵. 货币战争 2——金权天下［M］. 北京：中华工商联合出版社，2009：266.

客观上存在碳交易计价货币多元化的可能，因此中国必须在这方面积极抢占先机。

6.7 经济转型——在历史的过程中化解流动性过剩

进入21世纪以来，中国的流动性过剩带有明显的“输入性”特征。通过上文的分析可知，造成流动性过剩的原因，既有中国参与国际分工的方式也有现有国际货币体系的缺陷。过去的30多年来，中国遵循着比较优势的原则参与了国际分工体系，在劳动密集型的分工环节形成了一定的优势，但是过分依靠出口和投资拉动的经济增长方式，使中国经济对美欧的依赖性较大，经常项目顺差也是国际流动性输入的一个最重要途径。中国的产品虽然在国际市场上有竞争力，但是中国的企业却在国际市场上竞争力不足。另外，中国经济增长方式依然是高耗能的，目前中国单位GDP能耗是日本的8倍、美国的4倍、印度与韩国的2倍。[①]然而全球化的趋势是无法阻挡的，中国经济转型的必要性也早就被学界关注，虽不是一蹴而就的事情，但是从2008年以来的国际金融危机另一个方面来看，也是促使中国经济转型的一个契机。

6.7.1 在国内各区域之间发挥比较优势，调整产业结构

我国在开放模式方面采取了由东南沿海地区向中西部内陆逐渐开放的方式，以基于要素禀赋的比较优势理论为依据参与国际分工，因而形成了当前这种产业结构和地区经济结构。东

① 许小年．行政干预导致中国单位GDP能耗是日本8倍［EB/OL］．凤凰财经网．

南沿海地区吸引内地的劳动力和跨国公司的资本和技术，形成了以制造业加工组装为主的外向型产业结构；而中西部地区则向东南沿海输送劳动力和资源，把本来拥有的丰富劳动力和自然资源的优势转移给东部地区，从而造成中西部地区产业结构和经济发展的滞后。根据杨格的分工思想，分工取决于市场规模，而市场规模又取决于分工，也即分工具有自我强化、循环积累的特征。中国参与国际分工的初始模式就是利用劳动力和土地等要素价格低廉的优势，在东部地区发展加工制造业，出口劳动密集型产品，进口资本、技术密集型产品。这种模式经过 30 多年的自我强化，造成中国的国际分工地位和国内产业结构的不合理已经非常明显，当然，要扭转分工方式、调整产业结构，其成本也越来越高。

首先，中国在最初开放战略的选择上，忽视了国内区域之间的差异，从而产生了比较优势在国际和国内应用的矛盾。在参与国际分工时，我们将中国作为一个整体从而选择了发挥劳动力丰富的比较优势，以劳动密集型产品和加工组装环节来增强国际竞争力，这看起来应该是合理的。但是，中国是一个地域广阔的大国，国内各区域之间的要素禀赋有很大差异，也许相对于欧美国家来说，我们的大多数省份都具有劳动力优势，但是东部地区相对于中西部来说，却恰恰没有劳动力的比较优势。在国内统一的市场和区域产业结构尚未形成梯度和层次的条件下，通过国内的劳动力流动将比较优势在东部地区强化，从而造成了资源配置不合理与产业结构的固化。中国其实是利用廉价的农民工来代替产业工人参与国际分工，经过分工的自我强化机制，使得东部产业结构升级困难，西部的要素配置扭曲并无法与东部竞争，这也是中国的产品具有国际竞争力而企业却没有国际竞争力的原因之一。

其次，中国应该通过鼓励工业反哺农业、城乡一体化、西部大开发等政策措施，促使东部产业结构升级，使中西部发挥自身的比较优势，深化国内分工。中国的GDP总量已经成为世界第二大经济体，庞大的国内市场需求并没有被中国企业充分利用，反而是外资企业在中国市场上获利丰厚。前文分析已经表明，中国的国际分工方式是造成流动性输入的重要原因，经济的对外依赖性比较大，国际金融和经济危机警示我们，中国必须扩大内需才能保证经济持续健康地发展。以往的研究几乎都认为，扩大内需关键在调整收入分配，刺激消费。这些措施确实很重要，但是产业结构的调整却更加根本，因为收入分配结构问题的根源在于就业结构。如果深化国内分工，在劳动力密集的省份形成劳动密集型产业，东部地区重点发展资本和技术密集型产业，农业人口就不会再像候鸟一样地迁徙，而是在当地转化为产业工人和市民，收入分配问题和内需等难题也就会得到缓解。

最后，中国应该调整对外开放的具体政策，逐步取消对外资企业的普遍超国民待遇，促使产业结构的优化。改革开放以来，我国实行了鼓励出口和吸引国外直接投资的各项优惠政策。各地方政府更是将吸引外资作为反映政绩的一项重要指标，并因此而展开了竞争。为了吸引外资，很多地方政府开出了近乎“疯狂”的优惠政策：仅从税收优惠来看，以2006年为例，全国共征收外国投资企业所得税1449.94亿元，占全国企业所得税征收总额的20.73%，远低于外商投资企业所获利润的比例(27.60%)。同时，地方政府还在招商引资过程中在土地使用、企业设立以及融资等方面给予了外资企业极大的优惠和便利，所谓的零地价、送厂房、政府制定银行配套贷款，优先审批，简化审批流程等举措层出不穷。① 这种超国民待遇使得外资企业

① 张宇. 引资竞争下的外资流入与地方政府收益［J］. 经济学家，2010（3）.

拥有了特殊的竞争优势，那些在国外已经无法生存的高耗能、高污染和淘汰的生产工艺，由于有了中国的廉价劳动力和各种优惠政策，又变得有利可图，就转移到中国来继续生存发展。有研究证明，FDI 并没有明显地促进中国的技术进步。

6.7.2 改革要素价格形成体制，缓解要素价格扭曲

前文的分析提出，中国目前其实是以要素而不是企业参与国际分工。中国的劳动、土地、资源等要素价格的低廉并不仅仅是来自于要素的丰富程度，还有要素价格扭曲的制度性原因。

首先，中国出口的加工产品主要是农民工制造的，农民工的劳动力成本低，除了因为供给量大，还有各种制度性原因。由于城乡分割的二元经济结构，以户籍制度为依据的劳动力市场分割，使劳动力价格扭曲，农民工的工资水平过低，全国各城镇均存在着农民工与城镇职工同工同岗不同酬的现象。农民工在城市就业但是却无法享受当地的公共产品，他们在城市非农领域就业但是却很难转化为市民和工人。2003 年以来沿海地区在民工潮的同时出现了民工荒的现象，就是这种半城市化模式的一种反映。

其次，土地要素的价格由政府管制。农地的非农转用必须经过政府批准，由政府征用，先国有化再用于非农建设。在征地过程中，对于其原使用者所支付的补偿金是基于其损失而非土地的市场价格制定的，这就导致了土地征用成本和出让价格之间的巨大差异，同时也构成了政府的一个重要收入来源。地方政府还往往提供廉价的土地资源来招商引资。因此，土地价格扭曲发生了收益从农民到投资者、从国内到外资企业的转移。

最后，石油、天然气、煤炭等许多其他自然资源的取得与收益分配也并非由市场决定。生产经营企业缴纳的资源使用费仅仅是政府的行政性收费，其数额远低于市场均衡水平上的资

源价格。这就造成了资源的浪费和环境破坏。

中国生产要素价格的管制在很大程度上是以“增长”和“稳定”为两大导向的经济政策的产物。一方面，生产要素价格的低估扩大了其使用者的收益，因此有助于刺激投资，低廉的要素价格还是中国产品在国际市场中竞争力的主要来源；另一方面，生产要素价格管制是抑制由于经济过热和“巴拉萨—萨缪尔森效应”导致的价格总水平上扬的重要手段，而后者不仅涉及宏观经济运行环境，而且直接关系到中国的社会稳定。正是出于这两方面因素的考虑，我国对于生产要素价格体制的改革采取了极为审慎的态度。① 国内要素和资源价格的人为压低不仅造成了财富在国内的逆向转移，而且造成了财富在国际间的逆向转移，即从中国向欧美国家转移，从穷国向富国转移。王庭东（2007）② 认为要素价格扭曲程度与要素收益成反比，要素价格扭曲程度越高，本国要素收益就越低，国民利益流失就越严重；同时，在要素价格扭曲基础上的出口比较优势是虚假的，它导致贸易的结构性扭曲以及过度出口，两者均会导致利益的外流。

令人欣慰的是，2008 年国际金融危机导致中国的外部需求急剧萎缩，出口企业遭受了严重的冲击。这次危机迫使中国的产业转移和结构调整。2009—2011 年出现的“民工荒”，表明劳动力从西部流向东部的速度在减缓，沿海和内地企业提供的工资差距在缩小，因此可以进一步通过各项政策措施，鼓励劳动密集型产业向内地转移。另外，我国的能源税和价格机制改革也正在深入，要素价格扭曲的状况有望好转。我们可以考虑

① 张曙光，程炼．中国经济转轨过陈中的要素价格扭曲与财富转移［J］．世界经济，2010（10）．

② 王庭东．要素价格扭曲、利益流失与比较优势的不确定性，改革．2007（7）．

建立科学合理的GDP核算方式，修正政府政绩考核指标中的偏差，将资源和环境指标引入政绩考核指标，要求地方政府注重发展质量。

6.8 结论

我们将中国的流动性过剩放在全球化的历史过程中，以开放的、发展的视角来分析，发现21世纪中国的流动性过剩带有明显的输入性特征，其对策也应该是系统的、开放的。本书认为要解决中国的输入性流动性过剩问题，应该采取疏导和根治并重的方式。

一方面，当前的全球流动性过剩和中国输入过剩流动性具有客观性，是国际分工体系和国际货币体系的特点造成的，不可能在中国的内部寻找到立竿见影的独立解决方法。因此，我们要疏导过剩的流动性以免对中国经济造成危害。可以考虑到的措施就是通过人民币国家化、企业走出去和国内居民和企业的对外金融投资来输出流动性。另一方面，我们要在发展的过程中寻求解决流动性过剩的对策。就要积极参与并影响国际货币体系的变革方向，努力获取中国在国际金融领域的话语权和主导地位。同时，通过转变经济增长和开放模式，来改变中国的国际分工地位，从而解除被动输入国际流动性的问题。

附表：实证分析数据

年份	GDP(亿元)	基础货币(亿元)	外汇储备(亿美元)	CPI(上年=100)
1990	18 667.8	5046	110.93	103.1
1991	21 781.5	6315.5	217.12	103.4
1992	26 923.5	7905.9	194.43	106.4
1993	25 333.9	13 147	211.99	114.7
1994	48 197.9	17 218	516.2	124.1
1995	60 793.7	20 760	735.97	117.1
1996	71 176.6	26 889	1050.29	108.3
1997	78 973	30 633	1398.9	102.8
1998	84 402.3	31 335	1449.59	99.2
1999	89 677.1	33 620	1546.75	98.6
2000	99 214.6	36 491	1655.74	100.4
2001	109 655.2	39 851	2121.65	100.7
2002	120 332.7	45 138	2864.07	99.2
2003	135 822.8	52 841	4032.51	101.2
2004	159 878.3	58 856	6099.32	103.9
2005	184 937.4	64 343	8188.72	101.8
2006	216 314.4	77 758	10 663.4	101.5
2007	265 810.3	101 545	15 282.49	104.8
2008	314 045.4	129 222	19 460.3	105.9
2009	340 507	143 985	23 991.52	99.3

数据来源：各年《中国统计年鉴》，人民银行网站，基础货币数据 1999—2009 年来源于人民银行网站，1993—1998 年数据来自于张亮、孙兆斌（2009），1990—1992 年数据来自于胡援成（2000）。

参考文献

1. 余永定. 理解流动性过剩 [J]. 国际经济评论, 2007 (7).

2. 张明. 流动性过剩的测量、根源和风险涵义 [J]. 世界经济, 2007 (11).

3. 裴平. 黄余送. 中国流动性过剩的测度方法与实证 [J]. 经济学家, 2008 (5).

4. 朱民. 马欣. 新世纪的全球资源性商品市场 [J]. 国际金融研究, 2006 (11).

5. 唐杰. 汇率. 经济增长与流动性过剩 [J]. 开放导报, 2007 (12).

6. 曹新. 国际油价变动趋势和中国石油安全问题研究 [J]. 经济研究参考, 2007 (60).

7. 曾康霖. 流动性过剩研究的新视角 [J]. 财贸经济, 2007 (1).

8. 连建辉, 翁洪琴. 银行流动性过剩: 当前金融运行中面临的突出问题 [J]. 财经科学, 2006 (4).

9. 许文彬. 经济增长. 产业结构演进与流动性过剩 [J]. 财经问题研究，2008 (8).

10. 白永秀，任保平. 现代政治经济学 [M]. 北京：高等教育出版社，2008.

11. 国际货币基金组织. 世界经济展望 [M]. 北京：中国金融出版社，1997.

12. 斯蒂格利茨. 全球化及其不满 [M]. 北京：机械工业出版社，2004.

13. 严波. 论当代国际政治经济学流派 [J]. 国外社会科学，2004 (3).

14. 鲍宏礼. 经济全球化时代的国际关系——论罗伯特·吉尔平的新“霸权稳定论”[J]. 兰州学刊，2005 (3).

15. 罗伯特·吉尔平. 国际关系政治经济学 [M]. 杨宇光，等，译. 北京：经济科学出版社，1989.

16. 卡斯特罗批判新自由主义与全球化 [EB/OL]. 天涯网 http：//www.tianya.cn/publicforum/content/worldlook/1/49385.shtm

17. 李江. 经济全球化：基于马克思“世界历史”理论的考量 [J]. 理论探讨，2009 (4).

18. 马克思，恩格斯. 马克思恩格斯全集：第4卷 [M]. 北京：人民出版社，1972.

19. 马克思，恩格斯. 马克思恩格斯选集：第1卷 [M]. 北京：人民出版社，1995.

20. 特奥托尼奥·多斯桑托斯. 帝国主义与依附 [M]. 北京：社会科学文献出版社，1999.

21. 伊曼纽尔·沃勒斯坦. 现代世界体系——16世纪的资本主义农业与欧洲世界经济体的起源 [M]. 尤来寅，等，译. 北京：高等教育出版社，1998.

22. 袁奇. 当代国际分工格局下中国产业发展战略研究

[D]. 西南财经大学，2006.

23. 马克思，恩格斯. 马克思恩格斯全集 [M]. 北京：人民出版社，1979.

24. 亚当·斯密. 国民财富的性质和原因的研究 [M]. 北京；商务印书馆，1972.

25. 萨米尔·阿明. 不平等的发展 [M]. 高铦，译. 北京：商务印书馆，1990.

26. 华民. 国际经济学 [M]. 上海：复旦大学出版社，2002.

27. 何泽荣，邹宏元. 国际金融原理 [M]. 成都：西南财经大学出版社，2004.

28. 宋群. "十一五"时期统筹我国产业结构升级与国际产业转移的建议 [J]. 经济研究参考，2005 (52).

29. 汪斌. 全球化浪潮中当代产业结构的国际化研究——以国际区域为新切入点 [M]. 北京：中国社会科学出版社，2004.

30. 罗伯特·布伦纳. 高盛的利益就是美国的利益——当前金融危机的根源 [J]. 政治经济学评论，2010 (2).

31. 王晓雷. 金融业对英国经济增长和贸易收支的贡献 [J]. 对外经济贸易大学学报，2007 (5).

32. 陈晓东，缪旭辉. 台湾产业结构升级的成效. 问题及趋势 [EB/OL]. 国研网，2002-02-06.

33. 张纯威. 美元本位. 美元环流与美元陷阱 [J]. 国际金融研究，2008 (6).

34. 刘骏民，段彦飞. 全球流动性膨胀的历史和逻辑 [J]. 经济学家，2008 (6).

35. 张明，覃东海. 国际货币体系演进的资源流动分析 [J]. 世界经济与政治，2005 (12).

36. 徐建炜，姚洋. 国际分工新形态. 金融市场发展与全球失衡［Z］. 北京大学中国经济研究中心讨论稿系列，2009.

37. 张云，刘骏民. 经济虚拟化与金融危机、美元危机［J］. 世界经济研究，2009（3）.

38. 李慎明. 当前资本主义经济危机的成因、前景及应对建议［J］. 世界历史，2009（3）.

39. 王遥. 主权财富基金的总体投资趋势研究［J］. 中国流通经济，2010（1）.

40. 邹新. 世界流动性过剩挥之不去［J］. 银行家，2006（9）.

41. 周爱民，等. 基于三分状态 MDL 方法度量我国股市泡沫［J］. 南开大学学报（自然科学版），20102.

42. 贺建清. 流动性过剩对股市波动的影响［J］. 山东商业会计，2009（4）.

43. 外资投资中国房地产报告［N］. 经济日报，2005－09－28.

44. 尹宇明，陶海波. 热钱规模及其影响［J］. 财经科学，2005（6）.

45. 万光彩. 中国的热钱规模究竟有多大？——基于热钱流出渠道的估算［J］. 世界经济研究，2009（6）.

46. 施炳展，李坤望. 中国制造业国际分工地位研究——基于产业内贸易形态的跨国比较［J］. 世界经济研究，2008（10）.

47. 胡晖，张自如. 全球经济失衡理论研究述评［J］. 经济学动态，2006，（11）.

48. 谢海林. 我国以央行票据为工具的冲销干预研究［J］. 现代商贸工业，2009（11）.

49. 王世华，何帆. 中国的短期国际资本流动：现状. 流动途径和影响因素［J］．世界经济，2007（7）．

50．何泽荣，徐艳．论国际热钱［J］．财经科学，2004（2）．

51．张明，徐以升．全口径测算当前中国的热钱规模［J］．当代亚太，2008（4）．

52．陈勇．FDI 和贸易顺差中存在热钱的几个倪端［N］．第一财经日报，2008－07－07

53．许涤龙，侯鹏．我国 FDI 流入量中热钱规模的估算［J］．经济问题，2009（6）．

54．裴平，韩贵新．迷失的货币与突发性通货膨胀［J］．江苏行政学院学院，2005（1）．

55．吴少新，马勇．中国资本外逃的规模测算：1988—2004［J］．湖北经济学院学报，2005（3）．

56．韩龙．评西方对人民币均衡汇率的评估［J］．上海金融，2008（8）．

57．冉茂盛，等．人民币实际汇率失调程度研究［J］．数量经济技术经济研究，2005（11）．

57．项后军，潘锡泉．人民币汇率真的被低估了吗？［J］．统计研究，2010（8）．

58．陶然．资本账户开放度及对中国的度量［J］．江西财经大学学报，2006（6）．

59．施建淮．中国资本账户开放：意义、进展及评论［J］．国际经济评论，2007（6）．

60．张向军．后危机时代国际货币体系改革的前景：欧元的经验和启示［J］．国际金融研究，2010（9）．

61．宋鸿兵．货币战争 2——金权天下［M］北京：中华工商联合出版社，2009．

62．许小年．行政干预导致中国单位 GDP 能耗是日本 8 倍

[N/OL]. 凤凰财经网.

63. 张宇. 引资竞争下的外资流入与地方政府收益 [J]. 经济学家, 2010 (3).

64. 张曙光, 程炼. 中国经济转轨过陈中的要素价格扭曲与财富转移 [J]. 世界经济, 2010 (10).

65. 王庭东. 要素价格扭曲. 利益流失与比较优势的不确定性 [J]. 改革, 2007 (7).

66. 赵爱清. 国际贸易理论发展的内在逻辑及方向 [J]. 当代财经, 2005 (3).

67. 赵爱清, 杨五洲. 关于全球流动性过剩问题的述评 [J]. 经济纵横, 2009 (11).

68. 张亮, 孙兆斌. 外汇占款与我国银行体系流动性过剩分析 [J]. 当代经济管理, 2009 (3).

69. 胡援成. 中国的货币乘数与货币流通速度研究 [J]. 金融研究, 2000 (9).

70. HICKS J R. Critical Essays in Monetary Theory [M]. Oxford: Oxford Unibersity Press, 1967.

71. SEBASTIAN BECKER. Global Liquidity Glut and Asset Price Inflation [J]. Deutsche Bank Research, 2007 (5).

72. STAHELCHRISTOF W. IS. There a Global Liquidity Factor? [M]. Mimeo. Ohio State University, 2004.

73. CHORDIA, TARUN, RICHARD ROLL, AVANIDHAR SUBRAHMANYAM. Order Imbalance, Liquidity, and Market Returns [J]. Journal of Financial Economics 2002 (65).

74. WOON GYU CHOI DAVID COOK. Stock Market Liquidity and the Macroeconomy: Evidence from Japan [R]. IMF Working Paper 2006 (10).

75. KIM S. International Transmission of US Monetary Policy

Shocks: Evidence from VARs [J]. Journal of Monetary Economics, 2001 (48).

76. DOOLEY M, FOLKERTS - LANDAU D, STRAUB R. A Framework for Assessing Global Imbalances [R]. NBER Working Paper No. 9971. 2003.

77. CLAESSENS S, NAUDE D. Recent Estimates of Capital Flight: A Philippine Case Study [R]. Policy Recent Working Paper Series, 1993.

后 记

在两年的写作过程中，国际金融领域风云变幻，中国的宏观经济和金融状况也处于不断地变化之中。有一点得到实践证实的是，流动性过剩在2010年又再次困扰中国经济。2010年下半年开始，中国的通货膨胀率开始上升，房地产价格在严格的调控下仍然不断上涨。2011年第一季度的通货膨胀率已经高达5%，央行不得不将存款准备金融提高到了20%的历史高度。本书对全球化及当前国际分工格局进行了分析，每一步都是经过了大量收集理解资料和数据，经过独立的思考形成的观点。本书对全球化过程中的输入性流动性过剩问题从多方面进行了分析，提出了若干独特的观点。

由于本书选题涉及面比较大，全球化与国际分工、全球经济失衡，从而到全球流动性过剩，再到中国的流动性过剩，这一逻辑主线涉及的环节多，内容宏大庞杂，因此在写作过程中难免有顾此失彼，很难全面、准确把握的感觉。还有许多问题在写作过程中曾经接触并思考过，但囿于文章主线条简明的考虑，以及现有知识结构的局限，没有进行深入的分析，有待今后继续学习研究。首先，造成中国流动性过剩的直接原因虽然主要表现为外汇储备的过快增长，本书也没有忽略内部因素的影响，但是为了突出研究的重点，本书在进行实证分析时只考虑了经济增长的因素，至于国内其他因素对流动性过剩的具体影响，还有待更详尽的研究。其次，2008 年金融危机产生的原因之一就是全球流动性过剩，为什么美国及其他国家仍然采用继续注入货币流动性的方式来应对危机？这里涉及一个国家的货币政策在国际间的传导和溢出效应的分析。也就是说，美国滥发美元带来的问题是如何被其他国家承担而对美国经济的影响效应具体如何，这是一个值得研究的问题。最后，东亚其他出口导向型的经济体，是否也面临与中国类似的流动性输入状况，也是有待于后续研究的问题。

致谢

本书的写作历经两年多的时间。这期间国际经济与金融环境风云变幻，国内经济发展也面临许多不确定因素，而我在导师的鼓励下始终坚信当初选题时的预期，因此坚持对流动性过剩问题进行研究而没有中途放弃。在即将完成之际，中国的流动性过剩再一次凸显，通货膨胀和资产泡沫又有卷土重来之势，因而对自己的坚持研究聊感欣慰。

首先也是最衷心感谢的是我敬爱的导师何泽荣教授。何老师以他渊博的学识，严谨治学、厚道平和待人的态度，时刻感染并指引着我，使我终身受益。在五年的博士学习研究过程中，我的每一步前行都倾注了何老师关注的目光和鼎力的支持。从选题开始，到论文框架和思路的设想，写作过程中的疑难排解，数据信息收集，何老师都曾给予了我大力的指导和帮助。特别令我感动的是，论文初稿完成后，何老师逐字逐句地审阅，提出了非常详尽又具有建设性的修改建议，用他的智慧之光照亮了我艰涩的研究之路，令我豁然开朗。因为此论文选题宏大，以我现在的学识很难在国际国内与全球化的时空中穿梭自如，幸好有良师指引才没有迷途，得以顺利完成。

感谢光华园里的老师和同学们：邹宏元教授、倪克勤教授、刘崇仪教授对本论文提出了非常有价值的信息和建议，帮助我完善论文。金融学院2006级博士倪庆东同学、吴晓芹同学和邓晓霞同学给予了我真诚的帮助和友爱，使得我在研究的道路上没有孤单无援。

还要感谢我的家人，先生杨五洲经常陪我在寂静的光华楼深夜苦读，正是家人的爱成为我前进的动力。有了他们的支持和理解，我才没有急功近利地应付我的论文，而是静下心来，潜心钻研，用心敲下键盘上的每一个字。在博士生涯即将结束之际，我也得以欣慰地对自己说："我努力过，我尽力了。"

赵爱清

2011年5月于成都

图书在版编目(CIP)数据

中国的输入性流动性过剩研究:基于全球化的视角/赵爱清著.
—成都:西南财经大学出版社,2011.9
ISBN 978-7-5504-0454-0

Ⅰ.①中… Ⅱ.①赵… Ⅲ.①资本市场—研究—中国
Ⅳ.①F832.5

中国版本图书馆 CIP 数据核字(2011)第 200040 号

中国的输入性流动性过剩研究:基于全球化的视角

赵爱清 著

责任编辑:李 雪
封面设计:杨红鹰
责任印制:封俊川

出版发行	西南财经大学出版社(四川省成都市光华村街 55 号)
网　　址	http://www.bookcj.com
电子邮件	bookcj@foxmail.com
邮政编码	610074
电　　话	028-87353785 87352368
印　　刷	郫县犀浦印刷厂
成品尺寸	148mm×210mm
印　　张	6.875
字　　数	170 千字
版　　次	2011 年 9 月第 1 版
印　　次	2011 年 9 月第 1 次印刷
书　　号	ISBN 978-7-5504-0454-0
定　　价	25.00 元